S

Sacré-Cœur

La Villette

MONTMARTRE Gare du Nord

Gare de l'Est

Parc des
Buttes-Chaumont

Canal St-Martin

Place de la République

Musée du
Louvre
Forum
des Halles

Centre
Georges Pompidou

Cimetière du
Père-Lachaise

Notre-Dame

Ile de la Cité

QUARTIER
DU MARAIS

ain-des-Prés

Bd. St-Germain   Ile St-Louis   Bd. Henri IV
Sorbonne

Opéra
Bastille

Place de la Nation

Panthéon
bourg

Institut du
Monde Arabe
Jardin des Plantes

Bd. Diderot

Gare de Lyon
Ministère des Finances

QUARTIER LATIN

d. du Montparnasse

Gare
d'Austerlitz

Palais Omnisport
de Paris-Bercy

SSE

Place d'Italie

Bois de Vincennes

Parc Montsouris

Bibliothèque Nationale

Seine

versitaire

Grammaire sur mesure

Atsuko Nakamura

SURUGADAI-SHUPPANSHA

Design: die

付属CDについて

収録内容：
- 基本をおさえよう
  - アルファベと綴り字の読み方
  - 各課動詞の活用，例文
  - 聞きとり練習問題
  - 数詞／時刻／曜日／月
- 書いて言ってみよう

吹込者：
レナ・ジュンタ

はじめに

　文法学習は文法規則の習得だけをめざすものではありません．文法はフランス語の発話文を日本語で伝えたり，日本語の発話文をフランス語で表現するために必要不可欠な知識です．本書は規則を覚えるだけの文法学習のイメージを払拭して，コトバを運用するための文法学習をめざしています．

本書の構成

基本をおさえよう

[各課の構成]
- 各課見開き2ページ
- **タイトル**：各課で扱う文法事項を示す発話文です．
- **動詞の活用形**：発話文のキーワードとなるだけでなく，さまざまな時制の基礎となる直説法現在の活用形が提示されています．
- **文法項目と説明**：文法項目は1年目の授業で習得できる範囲にしぼって選別しました．網羅的な提示や説明を避け，初年度におさえてほしいポイントに限定しました．
- **Exercices**：文法的に正しい文を完成したあと必ず日本語に訳してもらいます．規則だけの学習にとどまらないように，日本語の発話文に置き換える作業を通して理解の確認をします．またCDでポイントとなる項目を聞き取る練習も用意しました．

もう一歩進めよう

　1年目の文法学習の目標は時間数やクラス構成によって異なります．各課に関連するワンランクアップの文法項目と説明，および練習問題で構成されています．

書いて言ってみよう

　文法学習が発話につながることを実感するためにまず簡単なフランス語の発話文を作り，口頭で伝える練習です．

　「基本をおさえよう」の18課までの内容で実用フランス語技能検定試験（仏検）4級に対応できます．20課までしっかり学習すれば3級に挑戦できるでしょう．はじめてのフランス語文法の学習がみなさんにとって，実りあるものになることを願っております．校閲と録音を快諾していただいたレナ・ジュンタさんに心から感謝いたします．

2013年秋　　著者

目 次

アルファベと綴り字の読み方

基本をおさえよう…p.8
Alphabet　綴り字記号
綴り字の読み方　単母音字
複母音字　鼻母音　子音字
リエゾン　アンシェヌマン
エリジヨン

もう一歩進めよう…p.54
h の読み方
e の読み方
その他

Leçon 1
Voilà une tour.
C'est la tour Eiffel.

基本をおさえよう…p.10
名詞の性と数
不定冠詞
定冠詞
提示表現
＊数詞 1-10

もう一歩進めよう…p.55
名詞の複数形
不定冠詞の用法
定冠詞の用法

書いて言ってみよう…p.76
身近なものを提示する

Leçon 2
C'est une voiture japonaise.

基本をおさえよう…p.12
動詞 être 直説法現在と主語
　人称代名詞
形容詞の性・数一致と位置

もう一歩進めよう…p.56
特殊な女性形をもつ形容詞
不定冠詞 des → de (d')
職業・身分を表す名詞

書いて言ってみよう…p.76
人やものの特徴を伝える

Leçon 3
Vous avez de la chance !

基本をおさえよう…p.14
動詞 avoir 直説法現在
部分冠詞
否定文
否定の冠詞 de (d')

もう一歩進めよう…p.57
否定の冠詞
否定の表現

書いて言ってみよう…p.76
ないものを伝える

Leçon 4
Quelles langues parlez-vous ?

基本をおさえよう…p.16
-er 規則動詞の直説法現在
疑問文
肯定・否定の疑問文の答え方
疑問形容詞

もう一歩進めよう…p.58
倒置疑問文
語幹に変化のある -er 規則
　動詞

書いて言ってみよう…p.76
好き・嫌いを伝える

Leçon 5
Je finis mes devoirs ce soir.

基本をおさえよう…p.18
-ir 規則動詞の直説法現在
指示形容詞
所有形容詞
＊数詞 11-20

もう一歩進めよう…p.59
所有代名詞

書いて言ってみよう…p.76
誰のものかを尋ね，伝える

Leçon 6
Qu'est-ce que vous faites dans la vie ?

基本をおさえよう…p.20
不規則動詞 faire / mettre
　直説法現在
疑問代名詞
主語人称代名詞 on

もう一歩進めよう…p.60
性・数の変化がある疑問代
　名詞

書いて言ってみよう…p.77
していることを尋ね，答える

4　quatre

Leçon 7
Quand partez-vous en vacances ?

基本をおさえよう…p.22
不規則動詞 aller / partir
　直説法現在
前置詞 à と定冠詞 le / les の縮約
疑問副詞
近接未来

もう一歩進めよう…p.61
前置詞 à+国名「〜へ」「〜で」

書いて言ってみよう…p.77
場所や時期を尋ね，答える

Leçon 8
D'où venez-vous ? — Je viens du Japon.

基本をおさえよう…p.24
不規則動詞 venir / prendre
　直説法現在
前置詞 de と定冠詞 le / les の縮約
指示代名詞
近接過去

もう一歩進めよう…p.62
前置詞 de「〜から」+国名

書いて言ってみよう…p.77
出身地を尋ね，答える

Leçon 9
On l'attend à la gare.

基本をおさえよう…p.26
不規則動詞 voir / attendre
　直説法現在
直接目的語・強勢形の人称代名詞
命令法

もう一歩進めよう…p.63
肯定命令における直接目的語代名詞の位置
否定命令における直接目的語代名詞の位置

書いて言ってみよう…p.77
命令する

Leçon 10
Il faut lui dire la vérité.

基本をおさえよう…p.28
不規則動詞 écrire / dire
　直説法現在
間接目的語の人称代名詞
非人称構文

もう一歩進めよう…p.64
2つの目的語代名詞の併用
肯定命令における2つの目的語代名詞の併用
否定命令における2つの目的語代名詞の併用

書いて言ってみよう…p.77
天気を伝える

数詞／時刻／曜日／月…p.30

Leçon 11
Je me couche vers minuit.

基本をおさえよう…p.32
代名動詞

もう一歩進めよう…p.65
代名動詞 s'en aller「立ち去る」の直説法現在

書いて言ってみよう…p.78
起床，就寝時間を伝える

Leçon 12
Nous avons visité le château de Versailles.

基本をおさえよう…p.34
不規則動詞 pouvoir / devoir
　直説法現在
直説法複合過去（1）

もう一歩進めよう…p.66
助動詞 avoir における過去分詞の一致
複合過去（複合時制）における副詞の位置

書いて言ってみよう…p.78
大学でしたことを伝える

Leçon 13
Nous sommes allé(e)s à la mer.

基本をおさえよう…p.36
不規則動詞 croire / lire
　直説法現在
直説法複合過去（2）

もう一歩進めよう…p.67
再帰代名詞と過去分詞の性・数一致

書いて言ってみよう…p.78
夏休みにしたことを伝える

cinq 5

Leçon 14
Vous allez en France ? — Oui, j'y vais cet été.

基本をおさえよう…p.38
不規則動詞 vouloir/savoir
　直説法現在
中性代名詞 en / y

もう一歩進めよう…p.68
中性代名詞 le

書いて言ってみよう…p.78
兄弟，姉妹について尋ね，答える

Leçon 15
Sophie est aussi grande que moi.

基本をおさえよう…p.40
不規則動詞 connaître / courir 直説法現在
比較級（形容詞・副詞）
最上級（形容詞・副詞）

もう一歩進めよう…p.69
名詞の比較級
名詞の最上級
副詞 beaucoup, peu の優等比較級

書いて言ってみよう…p.78
日仏を比較する

Leçon 16
Je suis allé(e) en France quand j'étais étudiant(e).

基本をおさえよう…p.42
直説法半過去
直説法大過去

もう一歩進めよう…p.70
代名動詞の直説法半過去と直説法大過去
話法で用いられる直説法半過去と大過去

書いて言ってみよう…p.79
昔のことを伝える

Leçon 17
La France est un pays qui produit du vin.

基本をおさえよう…p.44
不規則動詞 offrir/recevoir
　直説法現在
関係代名詞

もう一歩進めよう…p.71
前置詞＋関係代名詞

書いて言ってみよう…p.79
日本について説明する

Leçon 18
J'aurai vingt ans l'année prochaine.

基本をおさえよう…p.46
直説法単純未来
受動態

もう一歩進めよう…p.72
直説法前未来

書いて言ってみよう…p.79
予定を伝える

Leçon 19
Je voudrais parler à M. Dumont, s'il vous plaît.

基本をおさえよう…p.48
条件法現在
現在分詞
ジェロンディフ

もう一歩進めよう…p.73
条件法過去
話法で用いられる条件現在と条件法過去

書いて言ってみよう…p.79
未確認情報を伝える

Leçon 20
Il faut que vous partiez tôt le matin.

基本をおさえよう…p.50
接続法現在
強調構文

もう一歩進めよう…p.74
接続法過去
接続法の用法

書いて言ってみよう…p.79
望んでいることを伝える

アルファベと綴り字の読み方

Alphabet

A a	B b	C c	D d	E e	F f	G g	H h	I i
[ɑ]	[be]	[se]	[de]	[ə]	[ɛf]	[ʒe]	[aʃ]	[i]

J j	K k	L l	M m	N n	O o	P p	Q q	R r
[ʒi]	[kɑ]	[ɛl]	[ɛm]	[ɛn]	[o]	[pe]	[ky]	[ɛːr]

S s	T t	U u	V v	W w	X x	Y y	Z z
[ɛs]	[te]	[y]	[ve]	[dublǝve]	[iks]	[igrɛk]	[zɛd]

綴り字記号

café	アクサン・テギュ
mère	アクサン・グラーヴ
forêt	アクサン・シルコンフレックス
Noël	トレマ
grand-père	トレ・デュニオン／ハイフン
leçon	セディーユ
l'école	アポストロフ

綴り字の読み方

1) 語末の子音字は発音しない.　　　　　　Pari**s**　gran**d** pri**x**　li**t**
　（ただし，c, f, l, r は発音することが多い.）　par**c**　che**f**　anima**l**　bonjou**r**
2) 語末の e は発音しない.　　　　　　　vi**e**　vu**e**
3) h は発音しない.（無音のh・有音のh p.54）　**h**ôtel　t**h**é

単母音字

a	i	u	e	o
[a/ɑ] ア	[i] イ	[y] ユ	[ə] ウ	[o/ɔ] オ

y		é è ê	
[i] イ		[e/ɛ] エ	

ami　v**é**lo　t**y**pe　s**a**lut　syst**è**me　cr**ê**pe　m**e**nu

3 複母音字

ai / ei [e/ɛ エ]　　**au / eau** [o/ɔ オ]　　**eu / œu** [ø/œ ウ]　　**ou** [u ウ]　　**oi** [wa ｫﾜ]

Seine　　café au lait　　tableau　　fleur　　cœur　　tour　　voiture

鼻母音

im / in / ym / yn
aim / ain / eim / ein　[ɛ̃ アン]

impossible　symbole　pain　peinture

am / an
em / en　[ɑ̃ オン]

France　ensemble

um / un　[œ̃/ɛ̃ アン]

parfum　lundi

on / om　[ɔ̃ オン]

Japon　nombre

子音字

s [s ス]　　　母音字＋s＋母音字 [z ズ]

sac　soir　　maison　plaisir

c [s ス]/[k ク]　　**ç** [s ス]　　**g** [ʒ ジュ]/[g グ]

cinéma　centre　camarade　français　　girafe　gelée　gâteau

ch [ʃ シュ]　　**qu** [k ク]　　**gn** [ɲ ニュ]

chat　chocolat　　quai　quartier　　montagne　signe

リエゾン
発音しない語末の子音字は，次の語が母音のとき発音して，次の母音とひとつの音で発音する．les‿écoles [lezekɔl レゼコル]

アンシェヌマン
発音する語末の子音は，次の語の母音とひとつの音で発音する．une⁀école [ynekɔl ユネコル]

エリジヨン
je / ne / le / la / de / ce / que / me / te / se は，次の語が母音または無音の h のとき，e, a を省略してアポストロフで示し，次の語の母音とひとつの音で発音する．
~~la école~~ → l'école [lekɔl レコル]　　＊si → s'il, s'ils / si elle, si elles

Leçon 1 Voilà une tour. C'est la tour Eiffel.

 1 名詞の性と数

フランス語の名詞は男性名詞と女性名詞に区別されている．
名詞の複数形は原則として単数形に s をつけるが，この s は発音しない．

| 男性名詞 | 単数 | homme vélo | 複数 | hommes vélos |
| 女性名詞 | 単数 | femme voiture | 複数 | femmes voitures |

2 不定冠詞

un	男性名詞単数	un garçon	un hôtel		
une	女性名詞単数	une fille	une école		
des	男性・女性名詞複数	des garçons	des hôtels	des filles	des écoles

＊un / des は母音，無音の h で始まる名詞とリエゾンする．
　　un hôtel [ɛ̃notɛl アンノテル]　　　　　des écoles [dezekɔl デゼコル]
＊une は母音，無音の h で始まる名詞とアンシェヌマンする．
　　une école [ynekɔl ユネコル]　　　　　une histoire [ynistwar ユニストワる]

用法　不特定の１つまたは複数のものを示す．　Voilà une tour.

3 定冠詞

le (l')	男性名詞単数	le garçon	l'hôtel		
la (l')	女性名詞単数	la fille	l'école		
les	男性・女性名詞複数	les garçons	les hôtels	les filles	les écoles

＊le / la は母音，無音の h で始まる名詞の前でエリジョンして l' になる．
　　l'hôtel (le hôtel) [lotɛl ロテル]　　　　l'école (la école) [lekɔl レコル]
＊les は母音，無音の h で始まる名詞とリエゾンする．
　　les écoles [lezekɔl レゼコル]　　　　　les hôtels [lezotɛl レゾテル]

用法　1) 特定化されたものを示す．　Voici un sac.　C'est le sac de Sophie.
　　　2) 唯一のものを示す．　　　　Voilà la tour Eiffel.

4 提示表現

c'est +	単数名詞	これ［それ，あれ］は〜です．
ce sont +	複数名詞	これら［それら，あれら］は〜です．
voici / voilà +	単数・複数名詞	ここに／そこに（あそこに）〜があります［います］．
il y a +	単数・複数名詞	〜があります［います］．

10　dix

Exercices

1. 次の単語の意味を（　　）に，不定冠詞を下線部に書いて発音しなさい．

   (1) (　　　　) _____ frère   _____ frères
   (2) (　　　　) _____ sœur   _____ sœurs
   (3) (　　　　) _____ étudiant   _____ étudiants
   (4) (　　　　) _____ anim**al**   _____ anim**aux**

2. 下線部に不定冠詞を書き，文を訳しなさい．

   (1) Sur le bureau, il y a _____ ordinateur, _____ crayon, _____ livres, _____ cahier, _____ dictionnaire …

   (2) Dans le sac, il y a _____ stylo, _____ portable, _____ agenda, _____ clé …

3. 次の単語の意味を（　　）に，定冠詞を下線部に書いて発音しなさい．

   (1) (　　　　) _____ arbre   (2) (　　　　) _____ fleur
   (3) (　　　　) _____ soleil   (4) (　　　　) _____ lune
   (5) (　　　　) _____ cadeaux   (6) (　　　　) _____ appartement
   (7) (　　　　) _____ histoire (8) (　　　　) _____ oiseaux

4. CD を聴いて不定冠詞または定冠詞を下線部に書き，文を訳しなさい．

   (1) Voilà _____ maison.　C'est _____ maison de monsieur Dupont.
   (2) Il y a _____ musée.　C'est _____ musée d'Orsay.
   (3) Voici _____ pont.　C'est _____ Pont-Neuf.
   (4) Il y a _____ hôtel.　C'est _____ hôtel Ritz.
   (5) Il y a _____ bagages.　Ce sont _____ bagages de Marc.

数詞	1 un / une	2 deux	3 trois	4 quatre	5 cinq
	6 six	7 sept	8 huit	9 neuf	10 dix

onze 11

Leçon 2　C'est une voiture japonaise.

　1 動詞 être 直説法現在と主語人称代名詞

→ être →

je suis	nous sommes		je (j') 私は		nous 私たちは
tu es	vous êtes		tu 君は		vous あなた(方)は／君たちは
il est	ils sont		il 彼は／それは		ils 彼らは／それらは
elle est	elles sont		elle 彼女は／それは		elles 彼女たちは／それらは

＊親しい相手1人には tu を，そうでない場合は vous を使う．どちらも複数は vous になる．

2 形容詞の性・数一致と位置

1) 形容詞は修飾する名詞や代名詞の性（男性・女性）と数（単数・複数）に合わせて形が変わる．女性形にするときは e を，複数形にするときは s をつける．

＊e で終わる形容詞には女性形の e をつけない．s で終わる形容詞には複数の s をつけない．

Je suis content(e).	Nous sommes content(e)s.	un chat noir
Tu es content(e).	Vous êtes content(e)(s).	des chats noirs
Il est content.	Ils sont contents.	une voiture japonaise
Elle est contente.	Elles sont contentes.	des voitures japonaises

2) 形容詞は**名詞の後**に置く．　un chat noir (*a black cat)　une voiture japonaise

＊petit, beau, bon, joli, vieux などの形容詞は名詞の前に置く．une jolie fille

3) 特殊な女性形（音の違いに注意）

- ―e → そのまま　　jeune / jeune　　　・―er → ―ère　cher / chère
- ―f → ―ve　　sportif / sportive　　・―x → ―se　heureux / heureuse
- 語末の子音字を重ねて e をつける　bon / bonne　　gentil / gentille
- その他　long / longue　　blanc / blanche

4) 男性第2形（母音，無音の h で始まる男性単数名詞に使う）をもつ形容詞

	男性	女性
単数	beau (bel)	belle
複数	beaux	belles

un beau château
un bel appartement / hôtel
une belle maison

Exercices

1. être の直説法現在を下線部に書き，文を訳しなさい．

    (1) Nous _____ six.

    (2) Je _____ fatiguée.

    (3) Paul _____ là.

    (4) Vous _____ gentille.

    (5) Louis et Philippe _____ libres.

    (6) Tu _____ sérieux.

2. 形容詞を正しい形にして下線部に書き，文を訳しなさい．

    (1) La chambre est _____. (petit)

    (2) La valise est _____. (lourd)

    (3) Les cravates sont _____. (cher)

    (4) Marie et Anne sont _____. (sportif)

    (5) Mary et Jane sont _____. (américain)

3. 形容詞をつけて全文を書き改め，文を訳しなさい．

    (1) C'est un restaurant. (bon)

    (2) Ce sont des chaussures. (léger)

    (3) C'est une famille. (heureux)

    (4) Ce sont des étudiants. (japonais)

    (5) C'est une voiture. (blanc)

4. CD を聴いて ☐ の形容詞を正しい形にして下線部に書き，文を訳しなさい．

    (1) Sophie et Catherine sont _____.

    (2) Ce sont des garçons _____.

    (3) C'est une _____ chanson.

    (4) C'est une _____ fille.

    (5) C'est un _____ homme.

    | actif |
    | beau |
    | grand |
    | joli |
    | jeune |

Leçon 3 — Vous avez de la chance !

 1 動詞 avoir 直説法現在

avoir

j'ai	nous avons
tu as	vous avez
il a	ils ont
elle a	elles ont

＊主語人称代名詞 je はエリジヨンする．

2 部分冠詞

du	男性名詞単数
de la	女性名詞単数
de l'	母音または無音の h で始まる男性・女性名詞単数

du vin　　du poisson
de la bière　　de la viande
de l'argent　　de l'eau

用法
1) 数えられないもののある量を表す．　　du café　　de l'huile
2) 数えられる 1 つのものの一部分の量を表す．　du pain　　de la pastèque
3) とくに数えないもののある量を表す．　　du courage　　de la chance

3 否定文

ne (n')＋動詞＋pas　　＊ne はエリジヨンする．

je n'ai pas	nous n'avons pas
tu n'as pas	vous n'avez pas
il n'a pas	ils n'ont pas
elle n'a pas	elles n'ont pas

否定表現
ne ～ plus　　もはや～ない
ne ～ rien　　なにも～ない
ne ～ personne　だれも～ない
ne ～ jamais　　決して～ない

4 否定の冠詞 de (d')

1) 直接目的語につく不定冠詞と部分冠詞は否定文では **de (d')** になる．
　Il a une voiture.　　Il n'a pas de voiture.　　＊Il　a　une voiture.
　Tu as du courage.　　Tu n'as pas de courage.　　　主語 (S) 動詞 (V) 直接目的語 (COD)

2) il y a ～「～がある」の否定文でも不定冠詞と部分冠詞は **de (d')** になる．
　Il y a des étudiants.　　Il n'y a pas d'étudiants.
　Il y a du pain.　　Il n'y a pas de pain.

Exercices

1. être の直説法現在を否定形で書きなさい．

   être 否定形

   je _____   nous _____
   tu _____   vous _____
   il _____   ils _____
   elle _____   elles _____

2. avoir の直説法現在を書き，文を訳しなさい．
   (1) J' _____ soif.
   (2) Nous _____ faim.
   (3) Vous _____ un bel appartement.
   (4) Paul _____ chaud.
   (5) Sophie et Marie _____ froid.

3. CD を聴いて部分冠詞を下線部に書き，文を訳しなさい． [12]
   (1) Dans le frigo, il y a _____ eau, _____ lait, _____ confiture …
   (2) Comme boisson, il y a _____ café, _____ thé, _____ jus de fruit …
   (3) François est sympathique : il a _____ charme, _____ humour …

4. 次の文を否定文にして訳しなさい．
   (1) Éric a une moto japonaise.   _____
   (2) Nous avons des cours.   _____
   (3) J'ai de la monnaie.   _____
   (4) Il y a du riz.   _____
   (5) M. et Mme Legrand ont des enfants.   _____

5. 次の文を訳しなさい．
   (1) Il n'y a personne dans la rue.   _____
   (2) Il n'y a rien sur la table.   _____
   (3) Ils n'ont plus de chien.   _____
   (4) Elle n'est jamais contente.   _____

Leçon 4 — Quelles langues parlez-vous ?

1 -er 規則動詞の直説法現在

parler

je parle	nous parlons
tu parles	vous parlez
il parle	ils parlent
elle parle	elles parlent

aimer

j'aime	nous aimons
tu aimes	vous aimez
il aime	ils aiment
elle aime	elles aiment

語幹	er (不定詞・原形)
語幹 e	語幹 ons
語幹 es	語幹 ez
語幹 e	語幹 ent
語幹 e	語幹 ent

2 疑問文

1) イントネーションによる.

   Vous êtes français ?

2) 文頭に **Est-ce que / Est-ce qu'** をつける. ＊que はエリジヨンする.

   Est-ce que vous êtes français ? / **Est-ce qu'**elle est française ?

3) 主語と動詞を倒置する.

   Êtes-vous français ? ＊主語が名詞の倒置は p.58

   ＊3 人称単数の活用語尾が母音字のとき，動詞のあとに t を入れて主語人称代名詞と倒置する.
   Aime**-t-**elle le cinéma ?

3 肯定・否定の疑問文の答え方

Est-ce que vous aimez la musique ?   Est-ce que vous **n'**aimez **pas** la musique ?

— **Oui**, j'aime la musique.   — **Si**, j'aime la musique.

— **Non**, je **n'**aime **pas** la musique.   — **Non**, je **n'**aime **pas** la musique.

4 疑問形容詞

関係する名詞の性・数に一致し，その名詞の内容が「何」であるかをたずねる.

	男性	女性
単数	**quel**	**quelle**
複数	**quels**	**quelles**

Quel âge avez-vous ?   — J'ai vingt ans.

Quelles langues parlez-vous ?   — Je parle anglais et français.

Exercices

1. -er 規則動詞 donner と habiter の直説法現在を書きなさい.

   donner

   je _____   nous _____
   tu _____   vous _____
   il _____   ils _____
   elle _____ elles _____

   habiter

   j' _____   nous _____
   tu _____   vous _____
   il _____   ils _____
   elle _____ elles _____

2. CD を聴いて ☐ の動詞を直説法現在にして下線部に書き,文を訳しなさい.

   (1) J'_____ le français.
   (2) Tu _____ ?
   (3) Nous _____ de la musique.
   (4) Ils _____ bien.

   > danser
   > écouter
   > étudier
   > travailler

3. 次の疑問文を Est-ce que / Est-ce qu' を用いた形と倒置形に書き直し,指示にしたがって答えなさい.

   (1) Vous regardez la télé ?
   _____
   _____
   Oui, _____
   Non, _____

   (2) Elle chante bien ?
   _____
   _____
   Oui, _____
   Non, _____

4. 次の質問に指示にしたがって答えなさい.

   (1) Tu as un chat ?
   Oui, _____
   Non, _____

   (2) Vous n'êtes pas libre vendredi ?
   Si, _____
   Non, _____

5. ( ) に疑問形容詞を書き,対話文を訳しなさい.

   (1) ( ) jour sommes-nous ? — Nous sommes lundi.
   (2) ( ) est la capitale de la France ? — C'est Paris.
   (3) ( ) livres donnes-tu à Paul ? — Des livres de cuisine japonaise.
   (4) ( ) est la date d'aujourd'hui ? — C'est le premier mai.   *曜日, 月 p.31

Leçon 5 — Je finis mes devoirs ce soir.

1 -ir 規則動詞の直説法現在

finir

je finis	nous finissons
tu finis	vous finissez
il finit	ils finissent
elle finit	elles finissent

obéir

j' obéis	nous obéissons
tu obéis	vous obéissez
il obéit	ils obéissent
elle obéit	elles obéissent

語幹 **ir** (不定詞・原形)

語幹 is	語幹 issons
語幹 is	語幹 issez
語幹 it	語幹 issent
語幹 it	語幹 issent

2 指示形容詞

関係する名詞の性・数に一致し，「この，その，あの」を表す．

ce	男性名詞単数	ce soir
cet	母音・無音の h で始まる男性名詞単数	cet été
cette	女性名詞単数	cette semaine
ces	男性・女性名詞複数	ces vélos ces voitures

3 所有形容詞

関係する名詞の性・数に一致し，「私の，君の，彼（彼女）の…」を表す．

	男性単数	女性単数	男性・女性複数
私の	mon	ma	mes
君の	ton père	ta mère	tes parents
彼の／彼女の	son (école)	sa	ses
私たちの	notre		nos
あなた(方)の／君たちの	votre	père / mère	vos parents
彼らの／彼女たちの	leur		leurs

Voici une photo de ma famille : mon frère, ma sœur et mes parents.

＊女性名詞単数が母音，無音の h で始まるとき，ma / ta / sa を使わずに，mon / ton / son を使う．
Mon / Ton / Son école est près d'ici. (~~ma école~~ / ~~ta école~~ / ~~sa école~~)

数詞	11 onze	12 douze	13 treize	14 quatorze	15 quinze
	16 seize	17 dix-sept	18 dix-huit	19 dix-neuf	20 vingt

Exercices

1. -ir 規則動詞 choisir と grossir の直説法現在を書きなさい．

   choisir　　　　　　　　　　　　　**grossir**

   je _____　　nous _____　　je _____　　nous _____

   tu _____　　vous _____　　tu _____　　vous _____

   il _____　　ils _____　　il _____　　ils _____

   elle _____　　elles _____　　elle _____　　elles _____

2. 次の文を訳し，動詞の原形を（　）に書きなさい．
   (1) Il réussit (à) son examen.　(　　　　)
   (2) Est-ce que vous réfléchissez ?　(　　　　)
   (3) Les arbres fleurissent.　(　　　　)
   (4) Tu remplis cette fiche.　(　　　　)

3. 適切な指示形容詞を下線部に書き，文を訳しなさい．
   (1) _____ maison a un grand jardin.
   (2) _____ étudiants sont sérieux.
   (3) _____ hôtel est cher.
   (4) _____ places sont libres ?
   (5) Est-ce que _____ livre est intéressant ?

4. 適切な所有形容詞を下線部に書き，対話文を訳しなさい．
   (1) C'est le vélo de Céline ?　— Oui, c'est _____ vélo.
   (2) C'est la voiture de Marc ?　— Oui, c'est _____ voiture.
   (3) C'est ton dictionnaire ?　— Non, ce n'est pas _____ dictionnaire.
   (4) C'est l'appartement de M. et Mme Dumont ?
   　　　　　　　　　　　— Oui, c'est _____ appartement.

5. CD を聴いて所有形容詞を下線部に書き，文を訳しなさい．文頭は大文字にすること．
   (1) Tu obéis à _____ parents ?
   (2) _____ passeport, s'il vous plaît.
   (3) Voilà _____ professeur.
   (4) Je finis vite _____ devoirs.

Leçon 6 Qu'est-ce que vous faites dans la vie ?

1 不規則動詞 faire / mettre 直説法現在

◂ faire ▸

je fais	nous faisons [f(ə)zɔ̃]
tu fais	vous faites
il fait	ils font
elle fait	elles font

◂ mettre ▸

je mets	nous mettons
tu mets	vous mettez
il met	ils mettent
elle met	elles mettent

2 疑問代名詞

「誰」「何」をたずねる疑問詞   S：主語   V：動詞

人	主語	直接目的・属詞	(前置詞と共に) 間接目的・状況補語
	誰が	誰を・誰	誰に・誰と・誰について…
	qui＋V	**qui**＋V＋S	前置詞＋**qui**＋V＋S
	qui est-ce qui＋V	**qui est-ce que**＋S＋V	前置詞＋**qui est-ce que**＋S＋V

Qui chante ?   Qui aimez-vous ?   À qui téléphonez-vous ?
Qui est-ce qui   Qui est-ce que   Avec qui est-ce que vous
  chante ?   vous aimez ?   dînez ?
                             Qui est-ce ? / C'est qui ?

もの	主語	直接目的・属詞	(前置詞と共に) 間接目的・状況補語
	何が	何を・何	何に・何と・何について…
	qu'est-ce qui＋V	**que**＋V＋S	前置詞＋**quoi**＋V＋S
		qu'est-ce que＋S＋V	前置詞＋**quoi est-ce que**＋S＋V

Qu'est-ce qui arrive ?   Que faites-vous ?   À quoi pensez-vous ?
                             Qu'est-ce que vous   De quoi est-ce que vous
                               faites ?   parlez ?
                             Qu'est-ce que c'est ?
                             (C'est quoi ?)

3 主語人称代名詞 on

動詞の活用形は 3 人称単数 il / elle と同じ．
1) 話し言葉で nous「私たちは」の代わりに用いる．   Qu'est-ce qu'**on** fait ce soir ?
2) 「人は，人々は」の意味で用いる．   **On** parle français à Lausanne.

Exercices

1. faire の直説法現在を下線部に書き，文を訳しなさい．

    (1) Je _____ du français comme deuxième langue étrangère.

    (2) Paul et sa femme _____ des courses.

    (3) Valérie prépare le dîner et son mari _____ la vaisselle.

    (4) Nous _____ la cuisine ensemble.

    (5) Tu _____ du tennis ?

    (6) Qu'est-ce que vous _____ dans la vie ? — Je suis étudiant(e).

2. mettre の直説法現在を下線部に書き，文を訳しなさい．

    (1) Tu _____ du sucre ?

    (2) Qu'est-ce que je _____ pour sortir ce soir ?

    (3) On _____ de la musique ?

    (4) Vous _____ votre valise ici.

    (5) Nathalie _____ ses lunettes pour lire le journal.

    (6) Ils _____ un ordinateur sur le bureau.

3. 答えを参考に，適切な疑問代名詞を下線部に書き，対話文を訳しなさい．

    (1) _____ est-ce ? — C'est Sophie, une amie.

    (2) _____ tu cherches ? — Je cherche Pierre.

    (3) _____ est important dans la vie ? — C'est le travail.

    (4) _____ on mange ce soir ? — Des steaks frites.

    (5) De _____ parlez-vous ?
    　　　　　　　　　— Nous parlons de notre professeur de français

    (6) Avec _____ fait-on le pain ? —Avec de la farine.

4. CD を聴いて □ の疑問代名詞を下線部に書き，文を訳しなさい．文頭は大文字にすること．

    (1) C'est _____ ?

    (2) _____ cherchez-vous ?

    (3) _____ vient* dîner à la maison ?

    (4) _____ vous aimez comme sport ?

    　　　　　*venir 来る p.24

    | qui est-ce qui |
    | que |
    | qu'est-ce que |
    | quoi |

Leçon 7 — Quand partez-vous en vacances ?

 1 不規則動詞 aller / partir 直説法現在

aller

je vais	nous allons
tu vas	vous allez
il va	ils vont
elle va	elles vont

partir

je pars	nous partons
tu pars	vous partez
il part	ils partent
elle part	elles partent

2 前置詞 à と定冠詞 le / les の縮約

Je vais à le cinéma.　　　　　Je vais au cinéma.
Je vais à la gare.　　　　　　　*女性名詞が国名のとき en を用いる．Je vais en France.
Je vais à l'école.
Je vais à les Champs-Élysées.　Je vais aux Champs-Élysées.

3 疑問副詞

quand いつ
Quand partez-vous ? / Quand est-ce que vous partez ? /
　Vous partez quand ?　— Je pars cet après-midi.

où どこ
Où allez-vous ? / Où est-ce que vous allez ? / Vous allez où ?
　— Nous allons à l'université.

comment どのように
Comment allez-vous ?　— Je vais bien, merci.
Comment est-ce que tu vas à Paris ?　— En voiture.

combien どれだけ
Combien coûte cette robe ?　— Elle coûte cinquante euros.
Combien de jours restez-vous à Paris ?
　— Trois jours seulement.

pourquoi なぜ
Pourquoi tu ne sors pas ce week-end ?
　— Parce que j'ai quelque chose à faire.

4 近接未来

> aller＋不定詞　「これから〜する」

用法　近い未来の事柄を伝える．Nous allons partir en vacances vendredi matin.

＊「〜しに行く」の意味でも用いる．Je vais chercher mes amis à l'aéroport.

22　vingt-deux

Exercices

1. 指示された動詞の直説法現在を下線部に書き，文を訳しなさい．
   (1) Comment _____ -tu ? — Je _____ bien, merci. (aller)
   (2) Cette cravate _____ bien avec une chemise bleue. (aller)
   (3) Ils _____ en voyage cet automne. (partir)
   (4) Nous _____ vers 17 heures. (partir)

2. 前置詞 à と定冠詞の正しい形を下線部に書き，文を訳しなさい．
   (1) Ils sont _____ bureau.
   (2) Nous allons _____ États-Unis.
   (3) Elle va _____ fac.
   (4) J'ai mal _____ pieds.   *avoir mal à ~
   (5) Tu aimes le café _____ lait ?

3. 答えを参考に，適切な疑問副詞を下線部に書き，対話文を訳しなさい．
   (1) _____ vas-tu ? — Je vais au supermarché.
   (2) _____ allez-vous à Londres ? — En avion.
   (3) _____ est-elle pressée ? — Parce qu'elle est en retard aujourd'hui.
   (4) _____ de temps mettez-vous pour aller au travail ?
                                               — Une heure et demie.
   (5) _____ tes parents arrivent au Japon ? — Au mois de juillet.
   (6) _____ est ton professeur de maths ? — Il est sévère.

4. CD を聴いて □ の疑問副詞を下線部に書き，文を訳しなさい．文頭は大文字にすること．
   (1) Vous êtes _____ ?
   (2) Tu habites _____ ?
   (3) _____ partez-vous ?
   (4) _____ vont tes grands-parents ?

   | comment |
   | quand |
   | où |
   | combien |

5. 次の文に（　）の語を加えて近接未来の文に書き換え，訳しなさい．
   (1) Nous faisons une soirée amicale. (dimanche soir)
   _____
   (2) On sort ? (demain soir)
   _____

 **D'où venez-vous ? — Je viens du Japon.**

 1 不規則動詞 venir / prendre 直説法現在

venir		prendre	
je viens	nous venons	je prends	nous prenons
tu viens	vous venez	tu prends	vous prenez
il vient	ils viennent	il prend	ils prennent
elle vient	elles viennent	elle prend	elles prennent

2 前置詞 de と定冠詞 le / les の縮約

Je rentre de le travail.　　　　　Je rentre du travail.
Je rentre de la salle de gym.　　＊女性名詞の国名は「～から」のとき de (d') になる．
Je rentre de l'église.　　　　　　Je viens de France.
Je rentre de les courses.　　　　Je rentre des courses.

3 指示代名詞

男性名詞単数 → **celui**　　　女性名詞単数 → **celle**
男性名詞複数 → **ceux**　　　女性名詞複数 → **celles**

1) 既出の名詞の代わりとなり，前置詞 de をともなって説明を加える．
　 C'est ton dictionnaire ?　— Non, c'est celui de Pierre.
2) 既出の名詞の代わりとなり，-ci, -là をつけて２つのものを区別する．
　 Voilà deux jupes bleues.　Vous préférez celle-ci ou celle-là ?

4 近接過去

> **venir de (d')** ＋不定詞　　「～したところである」

用法　近い過去の事柄を伝える．　Nous venons de rentrer à la maison.

24　vingt-quatre

Exercices

1. 指示された動詞の直説法現在を下線部に書き，文を訳しなさい．

    (1) Ils _____ travailler à Paris.（venir）
    (2) D'où _____-tu ? — Je _____ de Tokyo.（venir）
    (3) Qu'est-ce que vous _____ ?（prendre）
        — Nous _____ deux menus à 30 euros.（prendre）

2. 前置詞 de と定冠詞の正しい形を下線部に書き，文を訳しなさい．

    (1) Nous habitons loin _____ gare.   *loin de ~
    (2) J'habite près _____ jardin public. *près de ~
    (3) Tokyo est la capitale _____ Japon.
    (4) Berlin est la capitale _____ Allemagne.
    (5) C'est la saison _____ pluies.

3. CD を聴いて次の国名に前置詞または前置詞と冠詞の縮約形を書き，文を訳しなさい．

    (1) Kate vient _____ Angleterre.
    (2) Il vient _____ Canada.
    (3) Nous revenons _____ États-Unis.
    (4) Elles viennent _____ Chine.

4. 下線部に指示代名詞を書き，文を訳しなさい．

    (1) C'est ta chambre ? — Non, c'est _____ de mon frère.
    (2) C'est le sac de Sylvie ? — Non, c'est _____ de Catherine.
    (3) Ce sont vos chaussures ? — Non, ce sont _____ de ma sœur.
    (4) Voici deux foulards bleus ; _____-ci est en soie et _____-là en coton.

5. 次の文を近接過去の文に書き換え，訳しなさい．

    (1) Paul et Marc arrivent à la fac.   _____
    (2) Le train part.   _____

Leçon 9 On l'attend à la gare.

 1 不規則動詞 voir / attendre 直説法現在

◆ voir ◆

je vois	nous voyons
tu vois	vous voyez
il voit	ils voient
elle voit	elles voient

◆ attendre ◆

j' attends	nous attendons
tu attends	vous attendez
il attend	ils attendent
elle attend	elles attendent

2 直接目的語・強勢形の人称代名詞

主　語	je (j')	tu	il	elle	nous	vous	ils	elles
直接目的語	me (m')	te (t')	le (l')	la (l')	nous	vous	les	
強勢形	moi	toi	lui	elle	nous	vous	eux	elles

1) 動詞（être を除く）の後に前置詞を介さずに続く名詞を直接目的語と呼ぶ．多くが「〜を」に対応する．この名詞の代わりとなるのが直接目的語の人称代名詞である．
　＊le (l') / la (l') / les は人をさして「彼を／彼女を／彼(女)らを」，事物をさして「それを (男性名詞)／それを (女性名詞)／それらを (複数名詞)」を表す．

2) 直接目的語の人称代名詞は**その名詞が直接目的語となる動詞の前に置く**．
　Où est-ce qu'on attend Paul ?　— On l'attend à la gare.
　　　　　　　S 　　V 　　COD（直接目的語）
　Tu vois Marie ?　— Oui, je vais la voir ce soir.

3) 強勢形は主語の強調，前置詞や c'est の表現とともに用いる．
　Moi, je ne suis pas d'accord.　Je viens avec toi.
　Qui va chanter ?　— C'est moi.

3 命令法
　直説法現在 tu / nous / vous の活用形から主語をとった形

	attendre	rester	être	avoir
(tu)	attends	reste	sois	aie
(nous)	attendons	restons	soyons	ayons
(vous)	attendez	restez	soyez	ayez

J'ai mal à la tête.　— Alors, reste à la maison. (Tu restes à la maison.)
　＊tu の命令法は直説法現在の活用語尾が - es, - as で終わるとき s をとる．
Sois gentil avec ta sœur. (Tu es gentil avec ta sœur.)
N'aie pas peur. (Tu n'as pas peur.)
Attends-moi à la gare. (Tu m'attends à la gare.)〈動詞 - 直接目的語代名詞〉
　＊目的語の代名詞は動詞のあとにハイフンをつけて置く．me は moi に変わる．

Exercices

1. 指示された動詞の直説法現在を下線部に書き，文を訳しなさい．

    (1) Alain _____ ses amis ce soir. (voir)

    (2) On _____ bien le mont Fuji de ma fenêtre. (voir)

    (3) Tu _____ ? — Oui, oui, je _____. (voir)

    (4) Ils _____ le bus. (attendre)

    (5) J'_____ sa réponse. (attendre)

2. 直接目的語の人称代名詞を下線部に書き，文を訳しなさい．

    (1) Tu regardes souvent la télé ?
        — Oui, je _____ regarde tous les soirs.

    (2) Où sont mes clés ? Je ne _____ trouve pas.

    (3) Alors, vous prenez cette robe ?
        — Oui, je _____ prends. Elle est très jolie.

    (4) Tu aimes Marie ? — Oui, je _____ aime.

    (5) Quand est-ce que tu finis ton travail ?
        — Je vais _____ finir avant midi.

    (6) Où est-ce que je t'attends ? — Tu _____ attends devant le cinéma.

3. 次の文を命令文に書き換え，訳しなさい．

    (1) Tu finis tes devoirs.   _____

    (2) Vous faites attention aux voitures.   _____

    (3) Tu travailles bien.   _____

    (4) Vous êtes prudents.   _____

    (5) Nous avons du courage.   _____

    (6) Tu m'écoutes.   _____

4. CDを聴いて強勢形の代名詞を下線部に書き，対話文を訳しなさい．

    (1) Tu vois Bernard ? — Oui, je vais le voir chez _____.

    (2) Nous allons au cinéma. Vous venez avec _____ ? — Avec plaisir.

    (3) Je suis chinoise. Et vous ? — _____, je suis japonaise.

    (4) C'est madame Dupont ? — Oui, c'est _____.

vingt-sept 27

Leçon 10 Il faut lui dire la vérité.

1 不規則動詞 écrire / dire 直説法現在

écrire		dire	
j' écris	nous écrivons	je dis	nous disons
tu écris	vous écrivez	tu dis	vous dites
il écrit	ils écrivent	il dit	ils disent
elle écrit	elles écrivent	elle dit	elles disent

2 間接目的語の人称代名詞

主語	je (j')	tu	il	elle	nous	vous	ils	elles
間接目的語	me (m')	te (t')	lui		nous	vous	leur	

1) 動詞のあとに前置詞 à を介して続く名詞を間接目的語と呼ぶ．多くが「～に」に対応する．この間接目的語が人を表すとき，間接目的語の人称代名詞に代わる．

2) 間接目的語の人称代名詞は**その名詞が間接目的語となる動詞の前に置く**．

Qu'est-ce que tu écris à monsieur Dupont ?
　　　　　　　 S   V   COI（間接目的語）
— Je lui écris une lettre de remerciement.

Je vais te montrer une photo de ma copine.

Je vais voir Anne.　— Alors, dis-lui bonjour.　〈動詞 - 間接目的語代名詞〉

(Tu dis bonjour à Anne. → Tu lui dis bonjour. → Dis-lui bonjour.)

3 非人称構文

行為の主体がいないことを表す非人称主語 il を用いる構文

1) 非人称主語の活用だけをもつ非人称動詞

Il pleut depuis ce matin.　(pleuvoir)

Il neige beaucoup dans cette région.　(neiger)

Il faut lui dire la vérité.　(falloir)　　＊il faut＋不定詞：～しなければならない

Il faut une heure pour aller au bureau.　＊il faut＋名詞：～が必要である

2) 非人称主語を用いて非人称構文をつくる一般動詞

Il fait beau / mauvais.　(faire)

Il est huit heures et demie.　(être)　　＊時刻は p. 31

Il est interdit de fumer ici.　(être)

Il y a du vent.　(avoir)

Il reste encore du vin.　(rester)

Exercices

1. 指示された動詞の直説法現在を下線部に書き，文を訳しなさい．

    (1) À qui est-ce que tu _____ cette carte postale ? (écrire)

    (2) Mathilde _____ son journal intime tous les soirs. (écrire)

    (3) Comment _____-on « bonjour » en japonais ? (dire)

    (4) Qu'est-ce que tu _____ ? — Je ne _____ rien. (dire)

2. 間接目的語の人称代名詞を下線部に書き，文を訳しなさい．

    (1) Sylvie et Paul font une excursion avec nous ?
        — Je vais _____ demander.

    (2) Tu ressembles à ta mère ! Et ta sœur ?
        — Elle, elle ne _____ ressemble pas beaucoup.

    (3) Tu me téléphones ce soir ?
        — D'accord. Je _____ téléphone vers huit heures.

    (4) Nous cherchons une recette de gâteau. Tu _____ donnes ta recette de gâteau au chocolat ?

    (5) Quel vin est-ce que vous nous conseillez ?
        — Je _____ conseille une bouteille de vin rouge, un bordeaux.

    (6) J'ai besoin d'un vélo. — Alors, je _____ prête mon vélo.

3. CD を聴いて □ の非人称表現を下線部に書き，文を訳しなさい．文頭は大文字にすること．

    (1) _____ de stationner ici.
    (2) _____ beau depuis hier.
    (3) _____ beaucoup en cette saison.
    (4) _____ midi et demi.
    (5) _____ partir maintenant.

    | il fait |
    | il faut |
    | il est interdit |
    | il est |
    | il pleut |

数詞／時刻／曜日／月

27 数詞

0 zéro	30 trente	80 quatre-vingts
1 un / une	31 trente et un	81 quatre-vingt-un
2 deux	32 trente-deux	82 quatre-vingt-deux
3 trois	⋮	83 quatre-vingt-trois
4 quatre	39 trente-neuf	84 quatre-vingt-quatre
5 cinq	40 quarante	85 quatre-vingt-cinq
6 six	41 quarante et un	86 quatre-vingt-six
7 sept	42 quarante-deux	87 quatre-vingt-sept
8 huit	⋮	88 quatre-vingt-huit
9 neuf	49 quarante-neuf	89 quatre-vingt-neuf
10 dix	50 cinquante	90 quatre-vingt-dix
11 onze	51 cinquante et un	91 quatre-vingt-onze
12 douze	52 cinquante-deux	92 quatre-vingt-douze
13 treize	⋮	93 quatre-vingt-treize
14 quatorze	59 cinquante-neuf	94 quatre-vingt-quatorze
15 quinze	60 soixante	95 quatre-vingt-quinze
16 seize	61 soixante et un	96 quatre-vingt-seize
17 dix-sept	62 soixante-deux	97 quatre-vingt-dix-sept
18 dix-huit	⋮	98 quatre-vingt-dix-huit
19 dix-neuf	69 soixante-neuf	99 quatre-vingt-dix-neuf
20 vingt	70 soixante-dix	100 cent
21 vingt et un	71 soixante et onze	200 deux cents
22 vingt-deux	72 soixante-douze	505 cinq cent cinq
23 vingt-trois	73 soixante-treize	1000 mille
24 vingt-quatre	74 soixante-quatorze	1995 mille neuf cent quatre-vingt-quinze
25 vingt-cinq	75 soixante-quinze	2014 deux mille quatorze
26 vingt-six	76 soixante-seize	
27 vingt-sept	77 soixante-dix-sept	
28 vingt-huit	78 soixante-dix-huit	
29 vingt-neuf	79 soixante-dix-neuf	

28 時刻

Quelle heure est-il ? / Vous avez l'heure ?

Il est
- une heure
- deux heures
- trois heures
- quatre heures | dix.
- cinq heures | et quart.
- six heures | et demi(e).
- sept heures | moins vingt.
- huit heures | moins le quart.
- neuf heures
- dix heures
- onze heures
- midi
- minuit

Quel jour sommes-nous ? — Nous sommes lundi.

曜日	月 lundi	火 mardi	水 mercredi	木 jeudi	金 vendredi
	土 samedi	日 dimanche			

Quelle est la date d'aujourd'hui ?
Nous sommes le combien ? — Nous sommes le 2 octobre.

月	1月 janvier	2月 février	3月 mars	4月 avril	5月 mai
	6月 juin	7月 juillet	8月 août	9月 septembre	10月 octobre
	11月 novembre		12月 décembre		

trente et un 31

Leçon 11 Je me couche vers minuit.

1 代名動詞

代名動詞は主語と同じ人・ものをさす再帰代名詞 se をともなう動詞

se coucher

je **me** couche	nous **nous** couchons
tu **te** couches	vous **vous** couchez
il **se** couche	ils **se** couchent
elle **se** couche	elles **se** couchent

s'inquiéter

je **m'**inquiète	nous **nous** inquiétons
tu **t'**inquiètes	vous **vous** inquiétez
il **s'**inquiète	ils **s'**inquiètent
elle **s'**inquiète	elles **s'**inquiètent

＊再帰代名詞は人称によって変化し，me / te / se は母音，無音の h で始まる動詞の前ではエリジョンして m' / t' / s' になる．
＊代名動詞を不定詞で用いるとき，再帰代名詞は主語に合わせて変化する．Je vais **me** coucher.

（否定形）

je **ne** m'inquiète **pas**	nous **ne** nous inquiétons **pas**
tu **ne** t'inquiètes **pas**	vous **ne** vous inquiétez **pas**
il **ne** s'inquiète **pas**	ils **ne** s'inquiètent **pas**
elle **ne** s'inquiète **pas**	elles **ne** s'inquiètent **pas**

（疑問形） Tu te couches？　Est-ce que tu te couches？　Te couches-tu？

（肯定命令）
(tu)　Couche-toi.
(nous)　Couchons-nous.
(vous)　Couchez-vous.

（否定命令）
Ne t'inquiète pas.
Ne nous inquiétons pas.
Ne vous inquiétez pas.

＊肯定命令では再帰代名詞を動詞のあとにハイフンを入れて置く．te は toi にする．

[用法] 1) 再帰的（自分を，自分に）
Elle **se couche** vers minuit.　Elle **se lave** les mains.
2) 相互的（お互いに）
On **se voit** samedi.（Nous nous voyons.）
Ils **se téléphonent** chaque soir.
3) 受動的（〜される）
Le français **se parle** en Belgique.
4) 本質的（常に代名動詞の形で使われる）
Je **me souviens** de mon enfance.　Tu **te moques** de moi !

Exercices

1. se lever と s'habiller の直説法現在を書きなさい．

   se lever

   je _____   nous _____

   tu _____   vous _____

   il _____   ils _____

   elle _____   elles _____

   s'habiller

   je _____   nous _____

   tu _____   vous _____

   il _____   ils _____

   elle _____   elles _____

2. 指示された代名動詞を (1)〜(5) は直説法現在で，(6) は不定詞で下線部に書き，文を訳しなさい．

   (1) Philippe et Cécile ne _____ plus．(s'aimer)

   (2) Je _____ le visage et je _____ les dents．(se laver / se brosser)

   (3) Murielle _____ le matin．(se doucher)

   (4) Ce CD _____ bien．(se vendre)

   (5) Vous _____ de moi ? (se souvenir)

   (6) Nous allons _____ au mois de juin．(se marier)

3. CD を聴いて □ の動詞を直説法現在にして下線部に書き，文を訳しなさい．

   (1) On _____ dans un parc ?

   (2) Vous _____ comment ?

   　— Je _____ ….

   (3) Tu _____ à la politique ?

   (4) Ce médicament _____ après le repas.

   > s'appeler
   > se promener
   > se prendre
   > s'intéresser

4. 次の文を命令文にして，訳しなさい．

   (1) Vous vous amusez bien.　_____

   (2) Tu te réveilles.　_____

   (3) Nous nous reposons.　_____

   (4) Tu te laves les mains.　_____

   (5) Vous vous dépêchez.　_____

trente-trois 33

Leçon 12 Nous avons visité le château de Versailles.

 1 不規則動詞 pouvoir / devoir 直説法現在

◆ **pouvoir** (pu) ◆

je peux	nous pouvons
tu peux	vous pouvez
il peut	ils peuvent
elle peut	elles peuvent

◆ **devoir** (dû) ◆

je dois	nous devons
tu dois	vous devez
il doit	ils doivent
elle doit	elles doivent

＊Je peux 〜 ? / Est-ce que je peux 〜 ? / Puis-je 〜 ?

2 直説法複合過去（1）

助動詞（**avoir** 直説法現在）＋過去分詞

過去分詞：visit**er** → visit**é**   fin**ir** → fin**i**

être (été)   avoir (eu)   faire (fait)   mettre (mis)   prendre (pris)

voir (vu)   attendre (attendu)   écrire (écrit)   dire (dit)

◆ **finir** ◆ （直説法複合過去・肯定形）   （否定形）

j'ai fini	nous avons fini	je n'ai pas fini	nous n'avons pas fini
tu as fini	vous avez fini	tu n'as pas fini	vous n'avez pas fini
il a fini	ils ont fini	il n'a pas fini	ils n'ont pas fini
elle a fini	elles ont fini	elle n'a pas fini	elles n'ont pas fini

（疑問形）Tu as fini ?   Est-ce que tu as fini ?   As-tu fini ?

用法 1) 過去に起きた行為，事柄を完了したこと（出来事）として伝える．
   Nous avons visité le château de Versailles *hier / samedi dernier / il y a une semaine*.

2) 現時点の状況につながる過去の完了した行為，事柄を伝える．
   Je n'ai pas d'argent sur moi : j'ai oublié mon portefeuille.

3) 期間が限定された過去の継続的な行為，事柄を伝える．
   Nous avons habité à Paris *pendant trois ans*.

Exercices

1. 指示された動詞の直説法現在を下線部に書き，文を訳しなさい．

    (1) Tu _____ fermer la fenêtre ? (pouvoir)

    (2) Est-ce que je _____ vous aider ? (pouvoir)

    (3) On _____ voter à dix-huit ans en France. (pouvoir)

    (4) Je vous _____ combien ? (devoir)

    (5) Vous ne _____ pas fumer à l'intérieur du bâtiment. (devoir)

2. 次の動詞の意味を（　）に，過去分詞を下線部に書きなさい．

    (1) chanter (　　　) _____   (2) choisir (　　　) _____

    (3) dormir (　　　) _____   (4) répondre (　　　) _____

3. 指示された動詞の直説法複合過去を下線部に書き，文を訳しなさい．

    (1) Ils _____ une heure avant d'entrer dans la salle d'exposition. (attendre)

    (2) Nous _____ un taxi pour aller à la gare. (prendre)

    (3) Hier, j'_____ Marc, un ancien camarade de classe. (rencontrer)

    (4) Tu _____ cette nuit ? (ne pas bien dormir)　＊p.66 参照

    (5) Elle _____ ce film français. (ne pas encore voir)　＊p.66 参照

    (6) On _____ du foot dimanche dernier. (faire)

    (7) Je lui _____ il y a trois jours. Elle m'_____ tout de suite. (écrire / répondre)

4. CDを聴いて ☐ の動詞を直説法複合過去にして下線部に書き，文を訳しなさい．

    (1) Vous _____ ? (Au restaurant)

    (2) Tu _____ combien de temps pour venir ici ?

    (3) Nous _____ un bon moment avec vous.

    (4) Qu'est-ce qu'il _____ ?

    ```
    passer / dire / mettre / choisir
    ```

trente-cinq 35

Leçon 13 Nous sommes allé(e)s à la mer.

1 不規則動詞 croire / lire 直説法現在

croire (cru)

je crois	nous croyons
tu crois	vous croyez
il croit	ils croient
elle croit	elles croient

lire (lu)

je lis	nous lisons
tu lis	vous lisez
il lit	ils lisent
elle lit	elles lisent

2 直説法複合過去（2）

助動詞（être 直説法現在）＋過去分詞

1) 移動の概念をもつ自動詞と代名動詞は助動詞に être を用いる．

aller (allé)　venir (venu)　arriver (arrivé)　partir (parti)　entrer (entré)
sortir (sorti)　monter (monté)　descendre (descendu)　tomber (tombé)
rester (resté)　naître (né)　mourir (mort) …

2) être を助動詞に用いるとき，過去分詞は**主語の性・数に一致**する．

venir （複合過去・肯定形）

je suis venu(e)	nous sommes venu(e)s
tu es venu(e)	vous êtes venu(e)(s)
il est venu	ils sont venus
elle est venue	elles sont venues

（否定形）

je ne suis pas venu(e)	nous ne sommes pas venu(e)s
tu n'es pas venu(e)	vous n'êtes pas venu(e)(s)
il n'est pas venu	ils ne sont pas venus
elle n'est pas venue	elles ne sont pas venues

（疑問形）

Il est venu ?
Est-ce qu'il est venu ?
Est-il venu ?

se coucher （複合過去・肯定形）

je me suis couché(e)	nous nous sommes couché(e)s
tu t'es couché(e)	vous vous êtes couché(e)(s)
il s'est couché	ils se sont couchés
elle s'est couchée	elles se sont couchées

（否定形）

il ne s'est pas couché

（疑問形）

Il s'est couché ?
Est-ce qu'il s'est couché ?
S'est-il couché ?

Anne, Sophie, qu'est-ce que vous avez fait pendant les vacances ?
— Nous sommes allées à la mer.　Nous nous sommes promenées sur la plage.
Nous avons lu « Les Misérables » de Victor Hugo et nous nous sommes couchées tard tous les soirs.

Exercices

1. 指示された動詞の直説法現在または命令形を下線部に書き，文を訳しなさい．

   (1) Ces enfants _____ au père Noël. (croire)

   (2) Je _____ que la vie est chère à Paris. (croire)

   (3) Quel journal _____-vous ?

   — Je _____ « Le Parisien ». (lire)

   (4) _____ le texte à voix haute. (lire / vous に対して)

   (5) Ce livre français _____ facilement. (se lire)

2. 指示された動詞の直説法複合過去を下線部に書き，文を訳しなさい．

   (1) M. et Mme Legrand _____ au théâtre hier. (aller)

   (2) Aki, est-ce que tu _____ à la tour Eiffel ? (déjà monter)

   (3) Nous _____ à Shinagawa pour prendre la ligne Tokaido. (descendre)

   (4) Mes amis français _____ au Japon l'année dernière. (venir)

   (5) Ils _____ à Kyoto pour apprendre le japonais. (rester)

   (6) Florence _____ pour Londres en Eurostar. (partir)

   (7) Je _____ à une heure du matin. (se coucher)

   (8) Vous _____ à la maison ? (bien se reposer)

   (9) Ils _____ tôt ce matin. (se réveiller)

   (10) Anne et Satoshi _____ en France. (se rencontrer)

3. CD を聴いて □ の動詞を直説法複合過去にして下線部に書き，文を訳しなさい．

   (1) Christine _____ en 1989 à Paris.

   (2) Hier soir, Émilie _____ avec un ami.

   (3) Avant-hier, nous _____ dans un parc de loisirs.

   (4) Je _____ tard ce matin.

   s'amuser / se lever / naître / sortir

Leçon 14 — Vous allez en France ?
— Oui, j'y vais cet été.

1 不規則動詞 vouloir / savoir 直説法現在

◂ **vouloir** (voulu) ▸

je veux	nous voulons
tu veux	vous voulez
il veut	ils veulent
elle veut	elles veulent

◂ **savoir** (su) ▸

je sais	nous savons
tu sais	vous savez
il sait	ils savent
elle sait	elles savent

＊savoir＋不定詞：〜できる（能力）　　pouvoir＋不定詞：〜できる（状況，条件）
Vous savez nager ?　— Oui, mais aujourd'hui, je ne peux pas nager : j'ai de la fièvre.

2 中性代名詞 en / y

名詞が下記の場合に中性代名詞 en または y に代わる．
中性代名詞は**関係する動詞の前に置く**．

en
```
不定冠詞複数 des
部分冠詞 du / de la / de l'     ＋ 名詞   → en
否定の冠詞 de
前置詞 de
```

数詞 ＋ 名詞　→　en ＋ 動詞 ＋ 数詞 (un / une, deux, trois …)

Tu achètes des fruits ?　— Oui, j'en achète au marché.
　　　　　　　　　　　　　(Oui, j'achète des fruits au marché.)
Vous avez de la monnaie ? — Oui, j'en ai.　　(Oui, j'ai de la monnaie.)
Vous avez des sœurs ?　— Non, je n'en ai pas.　(Non, je n'ai pas de sœurs.)
Tu as beaucoup de travail ? — Oui, j'en ai trop.　(Oui, j'ai trop de travail.)
Vous avez des frères ? — Oui, j'en ai un (deux…).
　　　　　　　　　　　　　(Oui, j'ai un frère / deux frères…)

y
```
場所を示す前置詞 à / chez / dans / en / sur …   ＋ 名詞   → y
前置詞 à
```

Tu vas en France ?　— Oui, j'y vais cet été.　(Oui, je vais en France cet été.)
Tu as répondu à son invitation ?　— Oui, j'y ai répondu.
　　　　　　　　　　　　　(Oui, j'ai répondu à son invitation.)

Exercices

1. 指示された動詞の直説法現在を下線部に書き，文を訳しなさい．

    (1) Tu _____ du café ? — Oui, je _____ bien. (vouloir)

    (2) _____-vous changer de voiture ? (vouloir)

    (3) Tu _____ conduire ? (savoir)

    (4) _____-vous que Camille travaille au Japon comme professeur de français ? (savoir)

2. CD を聴いて中性代名詞 en または y を下線部に書き，対話文を訳しなさい．

    (1) On achète des légumes ?   — Oui, on _____ achète.

    (2) Tu as de l'argent sur toi ?   — Non, je n'_____ ai pas aujourd'hui.

    (3) Est-ce qu'ils vont souvent au cinéma ?
                                       — Oui, ils _____ vont deux fois par mois.

    (4) Comment allez-vous à Lyon ?   — Nous _____ allons en TGV.

3. 次の質問に中性代名詞 en または y を用いて答え，対話文を訳しなさい．

    (1) Est-ce qu'il y a du lait dans le frigo ? — Oui, _____

    (2) Hélène a des frères ?   — Non, _____

    (3) Michel a des sœurs ?（1人）   — Oui, _____

    (4) Tu veux encore de la viande ?   — Oui, _____ un peu.

    (5) Tu es au bureau ?   — Oui. J'__ reste jusqu'à sept heures.

4. 次の質問にあなたの答えを書きなさい．

    (1) Vous avez des sœurs ?   _____

    (2) Vous allez à la montagne en hiver ?   _____

    (3) Vous mettez du sucre dans votre café ? _____

    (4) Vous déjeunez au resto U à midi ?   _____

    (5) Vous voulez aller en France ?   _____

Leçon 15 Sophie est aussi grande que moi.

1 不規則動詞 connaître / courir 直説法現在

connaître (connu)

je connais	nous connaissons
tu connais	vous connaissez
il connaît	ils connaissent
elle connaît	elles connaissent

courir (couru)

je cours	nous courons
tu cours	vous courez
il court	ils courent
elle court	elles courent

2 比較級（形容詞・副詞）

優等（＋）	plus		
同等（＝）	aussi	形容詞・副詞	que
劣等（－）	moins		

Pierre est plus grand que Sophie.
Sophie est aussi grande que moi.
Sophie est moins grande que Pierre.

Christine court plus vite que Sophie.
Sophie court aussi vite que moi.
Sophie court moins vite que Christine.

・形容詞 bon の優等比較級
~~plus bon~~(ne)(s) → **meilleur(e)(s)**
La bière est meilleure que le vin.
La bière est aussi bonne que le vin.
La bière est moins bonne que le vin.

・副詞 bien の優等比較級
~~plus bien~~ → **mieux**
Paul connaît mieux le Japon que Marc.
Marc connaît aussi bien le Japon que moi.
Marc connaît moins bien le Japon que Paul.

3 最上級（形容詞・副詞）

| 定冠詞 | le / la / les | plus / moins | 形容詞 | de |

Ce train est le plus rapide du monde.
Cette photo est la moins belle de ces trois.
Quels sont les meilleurs vins de ce magasin ?

| 定冠詞 | le | plus / moins | 副詞 | de |

Qui court le plus vite d'entre vous ?
Qui fait le moins bien la cuisine de ta famille ?
Marie chante le mieux de son école.

Exercices

1. 指示された動詞の直説法現在を下線部に書き，文を訳しなさい．

    (1) Vous _____ monsieur Paul Martin ?
       — Oui, je le _____ depuis longtemps. (connaître)
    (2) Tu _____ Paris ?
       — Oui, j'y ai habité pendant cinq ans. (connaître)
    (3) Le bruit _____ que le ministre va démissionner. (courir)
    (4) Nous _____ un cent mètres. (courir)

2. CD を聴いて ☐ の語を用いて比較の文を完成し，訳しなさい．

    (1) Ma mère est _____ _____ que mon père.
    (2) Isabelle est _____ _____ que Pauline.
    (3) Elle va au cinéma _____ _____ que l'année dernière.
    (4) Cette robe est _____ _____ que l'autre.

    > souvent / âgé / cher / joli

3. 指示にしたがって比較の文を完成し，文を訳しなさい．

    (1) Elles sont _____ _____ qu'avant. (gentil −)
    (2) Takashi parle _____ _____ anglais que français. (bien =)
    (3) Elle danse _____ que ses camarades. (bien +)
    (4) Ce vin est _____ que l'autre. (bon +)

4. 指示にしたがって最上級の文を完成し，文を訳しなさい．

    (1) Quelle est la gare ____ _____ proche de ton université ? (+)
    (2) Quels sont les exercices ____ _____ difficiles de cette leçon ? (−)
    (3) Quel est ____ _____ restaurant de ce village ? (bon +)
    (4) Quels sont les quartiers ____ _____ animés de Tokyo ? (+)
    (5) Qui est rentré ____ _____ tard ? (−)
    (6) Qui connaît ____ _____ la Révolution française ? (bien +)

Leçon 16 Je suis allé(e) en France quand j'étais étudiant(e).

1 直説法半過去

passer

je passais	nous passions
tu passais	vous passiez
il passait	ils passaient
elle passait	elles passaient

être

j' étais	nous étions
tu étais	vous étiez
il était	ils étaient
elle était	elles étaient

[語幹] 直説法現在 nous の活用語尾 -ons をとった形

passer → nous pass*ons* → pass　ただし être → ét

[語尾] -ais　-ais　-ait　-ions　-iez　-aient

[用法] 1) 過去の継続的な行為，状態，習慣を**現在と対比して**伝える．

Maintenant, j'habite à Tokyo, mais avant, j'habitais à Nagoya.
Cécile avait les cheveux longs quand elle était lycéenne.
Alain passait ses vacances chez ses grands-parents quand il était petit.

2) 複合過去で表される**過去の出来事の背景，状況**を伝える．

On dînait quand quelqu'un a sonné.
Je suis allé(e) en France quand j'étais étudiant(e).

2 直説法大過去

助動詞（avoir または être 直説法半過去）＋ 過去分詞

acheter

j' avais acheté	nous avions acheté
tu avais acheté	vous aviez acheté
il avait acheté	ils avaient acheté
elle avait acheté	elles avaient acheté

sortir

j' étais sorti(e)	nous étions sorti(e)s
tu étais sorti(e)	vous étiez sorti(e)(s)
il était sorti	ils étaient sortis
elle était sortie	elles étaient sorties

[用法] 過去のある時点ですでに完了していた行為，事柄を伝える．

Françoise a mis un collier de perles ; elle l'avait acheté au Japon.
Ils sont allés chez Nathalie, mais elle était sortie.

Exercices

1. faire の直説法半過去と直説法大過去を書きなさい．

   faire 半過去

   je _____ nous _____
   tu _____ vous _____
   il _____ ils _____
   elle _____ elles _____

   faire 大過去

   j' _____ nous _____
   tu _____ vous _____
   il _____ ils _____
   elle _____ elles _____

2. CD を聴いて ☐ の動詞を直説法半過去にして下線部に書き，文を訳しなさい．

   (1) Elle est à la retraite, mais avant, elle _____ dans une banque.
   (2) Maintenant, je vais à la gare à pied, mais avant, je _____ le vélo.
   (3) Est-ce que vous _____ souvent au cinéma dans votre jeunesse ?
   (4) Quand ils _____ à l'école primaire, ils _____ du foot après l'école.

   (aller / être / faire / prendre / travailler)

3. 指示された動詞の直説法半過去を ___ に，直説法複合過去を ...... に書き，文を訳しなさい．

   (1) Didier .... (venir) au Japon quand il _____ (avoir) cinq ans.
   (2) Quand il y .... (avoir) le tremblement de terre, j'_____ (être) au bureau.
   (3) Il _____ (pleuvoir) quand nous .... (sortir) de la bibliothèque.
   (4) Hier, elle .... (se promener) avec son mari parce qu'il _____ (faire) très beau.

4. 指示された動詞の直説法大過去を ___ に，直説法複合過去を ...... に書き，文を訳しなさい．

   (1) Quand nous .... (arriver) à la gare, le train _____. (déjà partir).
   (2) Les enfants .... (se lever) à 7 heures. Leur mère _____ (préparer) le petit déjeuner.
   (3) Ils .... (aller) en France. Ils _____ (ne jamais visiter) ce pays.

quarante-trois 43

Leçon 17 La France est un pays qui produit du vin.

1 不規則動詞 offrir / recevoir 直説法現在

offrir (offert)

j' offre	nous offrons
tu offres	vous offrez
il offre	ils offrent
elle offre	elles offrent

recevoir (reçu)

je reçois	nous recevons
tu reçois	vous recevez
il reçoit	ils reçoivent
elle reçoit	elles reçoivent

2 関係代名詞

・関係代名詞は既出の名詞（先行詞）を受け，この名詞に修飾する文（関係詞節）をつなぐ働きをする．

・関係代名詞の使い分けは先行詞（修飾される名詞）が関係詞節（修飾する文）のなかでどのように機能するかによって決まる．＊先行詞の人，ものによる区別はない．

qui 先行詞が関係詞節で主語となる文をつなぐ．
La France est **un pays** qui produit* du vin.　(**ce pays** produit du vin)
　　　　　　　　　　　　＊produire　活用表 35

que (qu') 先行詞が関係詞節で直接目的語となる文をつなぐ．
La France est **un pays** que nous voulons visiter.
　　　　　　　　　　　(nous voulons visiter **ce pays**)
Comment s'appelle **la jeune fille** qu'il aime ? (il aime **cette jeune fille**)

dont 前置詞 **de** を含む．
先行詞が関係詞節の主語，動詞，目的語などと **de** で結ばれる文をつなぐ．
La France est **un pays** dont la capitale est Paris.
　　　　　　　　　　　(la capitale *de* **ce pays** est Paris)
C'est **un livre** dont on parle beaucoup.　(on parle beaucoup *de* **ce livre**)
C'est **le dictionnaire** dont j'ai besoin.　(j'ai besoin *de* **ce dictionnaire**)
Monet est **un peintre** dont j'admire les œuvres.
　　　　　　　　　　　(j'admire les œuvres *de* **ce peintre**)

où 先行詞が関係詞節で場所や時を表す状況補語となる文をつなぐ．
La France est **un pays** où je veux vivre.　(je veux vivre **dans ce pays**)
C'est **le mercredi** où je ne travaille pas. (je ne travaille pas **le mercredi**)

Exercices

1. （　）の動詞を指示された時制で下線部に書き，文を訳しなさい．

    (1) Qu'est-ce que tu _____ à Sylvie pour son anniversaire ?
    　　　　　　　　　　　　　　　　　　　　　　　　　(offrir 直説法複合過去)
    　　— Je lui _____ un parfum.　(offrir 直説法複合過去)

    (2) Le grand magasin _____ à dix heures.　(ouvrir 直説法現在)

    (3) Quand est-ce que je _____ ma commande ?　(recevoir 直説法現在)

    (4) Est-ce que vous _____ mon courriel ?　(recevoir 直説法複合過去)

2. CD を聴いて下線部に関係代名詞を書き，文を訳しなさい．

    (1) J'ai un ami _____ étudie en France.

    (2) Le livre _____ tu m'as prêté était intéressant.

    (3) J'ai une copine _____ le père travaille en France.

    (4) Le quartier _____ j'habite est loin de la gare.

3. 下線部に適切な関係代名詞を書き，文を訳しなさい．

    (1) Nous prenons le TGV _____ part à neuf heures et quart.

    (2) Paul a acheté une voiture italienne _____ il est fier.

    (3) Est-ce que tu connais le garçon _____ porte un pull rouge ?

    (4) Comment s'appelle le restaurant _____ vous avez dîné hier ?

    (5) Voici le sac _____ je vais offrir à Sophie.

    (6) Demain, c'est le jour _____ j'ai rendez-vous avec mon professeur.

4. 右の文を関係代名詞を用いて名詞 ville につなぎ，文を完成して訳しなさい．

    Deauville est **une ville**
    　　　_____ se trouve en Normandie.
    　　　_____ nous voulons visiter.
    　　　_____ le casino et les hippodromes sont très connus.
    　　　_____ beaucoup de Parisiens viennent passer leurs vacances.
    　　　_____ il y a le Festival du Cinéma Américain.
    　　　_____ a une belle plage de sable.

Leçon 18 　J'<u>aurai</u> vingt ans l'année prochaine.

1 直説法単純未来

visiter
je visite**rai**	nous visite**rons**
tu visite**ras**	vous visite**rez**
il visite**ra**	ils visite**ront**
elle visite**ra**	elles visite**ront**

avoir
j' au**rai**	nous au**rons**
tu au**ras**	vous au**rez**
il au**ra**	ils au**ront**
elle au**ra**	elles au**ront**

être
je se**rai**	nous se**rons**
tu se**ras**	vous se**rez**
il se**ra**	ils se**ront**
elle se**ra**	elles se**ront**

[語幹]　不定詞の r の前まで：visite*r* → **visite**　　fini*r* → **fini**　　prend*re* → **prend**

　　　　特殊な語幹　　j'**i**rai (aller)　je **viend**rai (venir)　je **fe**rai (faire)　je **ver**rai (voir)

[語尾]　-rai　-ras　-ra　-rons　-rez　-ront

[用法]　1) 未来の行為，事柄を伝える．

　　　Nous visite**rons** le musée du Louvre *demain*.

　　　Paul aura vingt ans *l'année prochaine / le mois prochain / la semaine prochaine / dans un an*.

　　　2) 2人称で用いると軽い命令のニュアンスを伝える．

　　　Tu viendras me voir ce vendredi.

2 受動態

　　　être ＋ 過去分詞 ＋ par / de (d') 動作主

・他動詞の直接目的語を主語にする．

　　Paul invite **Marie** pour son anniversaire.

・過去分詞は主語の性・数に一致する．

　　Marie est invité*e* par Paul pour son anniversaire.

・受動態の時制は助動詞 être の時制できまる．

　　Marie a été invité*e* par Paul.　　Marie est invité*e* par Paul.

　　Marie sera invité*e* par Paul.

・動詞が一時的な動作，行為を表すときは **par** によって動作主を示す．

　　Le voleur a été arrêté *par* la police.

・動詞が持続的な感情や状態を表すときは **de** によって動作主を示す．

　　Ce film est aimé *de* tous les enfants.

・動作主を限定しないときは省略する．

　　Cette voiture est fabriqué*e* au Japon.

Exercices

1. faire と aller の直説法単純未来を書きなさい．

   faire

   je _____   nous _____
   tu _____   vous _____
   il _____   ils _____
   elle _____ elles _____

   aller

   j' _____   nous _____
   tu _____   vous _____
   il _____   ils _____
   elle _____ elles _____

2. 指示された動詞の直説法単純未来を下線部に書き，文を訳しなさい．

   (1) Je m'inquiète du résultat de mon examen.
       — Tu _____ ! (voir)

   (2) Tu _____ me voir dimanche prochain ; je _____ libre toute la journée. (venir / être)

   (3) Où est-ce que vous _____ vos vacances ? (passer)
       — Nous _____ en Normandie où habitent nos amis d'enfance. (aller)

   (4) On _____ à la gare vers midi. (être)
       —D'accord. Je vous _____ là-bas. (attendre)

3. CD を聴いて □ の動詞を直説法単純未来にして下線部に書き，文を訳しなさい．

   (1) Demain, il _____ mauvais dans la région parisienne.
   (2) Nathalie et Isabelle _____ vingt ans l'année prochaine.
   (3) Son père _____ sa retraite le mois prochain.
   (4) Vous _____ à table.

   > avoir / faire / prendre / se mettre

4. 次の文を受動態に書き換え，訳しなさい．

   (1) On fabrique des montres en Suisse.
   (2) Marc a acheté cette villa il y a cinq ans.
   (3) Tout le monde connaît cette chanson.
   (4) On fermera ce musée pendant six mois en raison de travaux.

Leçon 19 — Je voudrais parler à M. Dumont, s'il vous plaît.

1 条件法現在

vouloir
je voudrais　nous voudrions
tu voudrais　vous voudriez
il voudrait　ils voudraient
elle voudrait　elles voudraient

avoir
j'aurais　nous aurions
tu aurais　vous auriez
il aurait　ils auraient
elle aurait　elles auraient

être
je serais　nous serions
tu serais　vous seriez
il serait　ils seraient
elle serait　elles seraient

[語幹] 直説法単純未来の語幹と同じ
　　je **voud**rais (vouloir)　je **pour**rais (pouvoir)　je **dev**rais (devoir)

[語尾] -rais　-rais　-rait　-rions　-riez　-raient

[用法]
1) 現在や未来の事柄を仮定して伝える．
　　Cet été, on pourrait aller en France.
2) 〈si＋直説法半過去，条件法現在〉現在の非現実の条件とその結果を仮定して伝える．
　　Si j'**avais** le temps, je partirais pour la France.
3) 表現を和らげて伝える．（丁寧，示唆）
　　Pourriez-vous ouvrir la fenêtre ?　　Je voudrais parler à M. Dumont.
　　Tu devrais arriver avant midi.
4) 報道文で断定を避けて現在や未来の事柄を伝える．
　　Le ministre de la Défense donnerait sa démission.

2 現在分詞

語幹（直説法現在 1 人称複数 nous の活用語尾 -ons をとる）＋ ant

parler → nous parl*ons* → parl**ant**
　ただし **ayant** (avoir)　　**étant** (être)　　**sachant** (savoir)

[用法] 形容詞的に機能して名詞，代名詞を修飾する．＊おもに書き言葉で用いる．
　　Nous cherchons **un guide** parlant plusieurs langues.
　　Étant fatiguée, **elle** reste à la maison.

3 ジェロンディフ

en ＋ 現在分詞

[用法] 副詞的に機能して主動詞を修飾する．
　　J'**ai rencontré** ma voisine en faisant des courses.
　　　＊J'**ai rencontré ma voisine** faisant des courses.

Exercices

1. pouvoir と devoir の条件法現在を書きなさい．

pouvoir

je _____   nous _____
tu _____   vous _____
il _____   ils _____
elle _____ elles _____

devoir

je _____   nous _____
tu _____   vous _____
il _____   ils _____
elle _____ elles _____

2. CD を聴いて ☐ の動詞を条件法現在にして下線部に書き，文を訳しなさい．

(1) Vous _____ un stylo à me prêter ?

(2) Tu as l'air fatigué. Tu _____ te reposer.

(3) Je _____ voir madame Lenoir.

(4) _____-vous parler plus lentement ?

> avoir / devoir / pouvoir / vouloir

3. 指示された動詞の条件法現在を下線部に書き，文を訳しなさい．

(1) S'il faisait beau aujourd'hui, nous _____ à la plage.　(aller)

(2) S'ils étaient riches, ils _____ le tour du monde en bateau.
　　　　　　　　　　　　　　　　　　　　　　　　　　　　　　(faire)

(3) Si Émilie partait avec vous, elle _____ contente.　(être)

(4) S'il ne pleuvait pas, je _____ le vélo.　(prendre)

4. 下線部を現在分詞にして文を書き換え，訳しなさい．

(1) C'est un hôtel <u>qui a</u> une belle vue sur le lac.

(2) Le jeune Français <u>qui habite</u> dans mon quartier s'appelle Thomas Leclerc.

5. 右の表現の動詞をジェロンディフにして左の文につなぎ，文を完成して訳しなさい．

(1) Elle apprend le français　　　　　passer un an à Lyon

(2) Nous arriverons à l'heure　　　　prendre le train de 10 heures

(3) Vous ferez attention aux voitures　traverser la rue

(4) J'ai rencontré ma voisine　　　　sortir du supermarché

Leçon 20 — Il faut que vous partiez tôt le matin.

1 接続法現在

原則 ▸ partir ◂

que je part**e**	que nous part**ions**
que tu part**es**	que vous part**iez**
qu'il/elle part**e**	qu'ils/elles part**ent**

例外① ▸ venir ◂

que je **vien**ne	que nous **ven**ions
que tu **vien**nes	que vous **ven**iez
qu'il/elle **vien**ne	qu'ils/elles **vien**nent

＊nous / vous は直説法半過去の語幹

例外② ▸ faire ◂

que je **fass**e	que nous **fass**ions
que tu **fass**es	que vous **fass**iez
qu'il/elle **fass**e	qu'ils/elles **fass**ent

例外③ ▸ aller ◂

que j' **aill**e	que nous **all**ions
que tu **aill**es	que vous **all**iez
qu'il/elle **aill**e	qu'ils/elles **aill**ent

＊特殊な語幹 je **puisse** (pouvoir)　je **sache** (savoir)

＊nous / vous は直説法半過去の語幹

例外④ ▸ avoir ◂

que j' **aie**	que nous **ayons**
que tu **aies**	que vous **ayez**
qu'il/elle **ait**	qu'ils/elles **aient**

例外⑤ ▸ être ◂

que je **sois**	que nous **soyons**
que tu **sois**	que vous **soyez**
qu'il/elle **soit**	qu'ils/elles **soient**

[語幹] 直説法現在 3 人称複数の語尾 -ent をとった形　ils part*ent* → part

[語尾] -e　-es　-e　-ions　-iez　-ent

[用法]
- 接続法は事実や実現性の有無とは無関係にその人が主観的にとらえている事柄を伝える動詞の形．　＊直説法は事実や実現性のある事柄を伝える．
- 従属節(名詞節・形容詞節／関係詞節・副詞節)の動詞に用いて，その人の願望，否定，疑問，判断の内容，ある感情をもって受け止めていること，不確かさや意外性をともなう内容を伝える．　＊主節の動詞には用いない．

名詞節：[願望]　Je **veux que** tu **viennes** me voir.
　　　　[否定]　Je **ne** crois **pas que** Paul **finisse** son travail avant 20 heures.
　　　　[判断]　**Il faut que** vous **partiez** tôt le matin.
　　　　[感情]　Mes parents **sont contents que** j'**aille** étudier à l'étranger.

2 強調構文

- 主語の強調　　　**C'est** Thomas **qui** va préparer le repas.
　　　　　　　　(Thomas va préparer le repas.)
　　　　　　　　C'est moi **qui** fais la cuisine.　(Je fais la cuisine.)
- 主語以外の強調　**C'est** en Italie **que** nous passerons nos vacances cet été.
　　　　　　　　(Nous passerons nos vacances **en Italie** cet été.)

Exercices

1. finir と prendre の接続法現在を書きなさい．

   finir

   que je _____   que nous _____
   que tu _____   que vous _____
   qu'il _____   qu'ils _____
   qu'elle _____ qu'elles _____

   prendre

   que je _____   que nous _____
   que tu _____   que vous _____
   qu'il _____   qu'ils _____
   qu'elle _____ qu'elles _____

2. 指示された動詞の接続法現在を下線部に書き，文を訳しなさい．

   (1) Je voudrais aller voir l'exposition de Picasso, mais j'ai peur qu'il y _____ du monde. (avoir)

   (2) Vous n'avez pas fini vos devoirs à la maison ? Alors, il faut que vous les _____ maintenant ici ! (finir)

   (3) Qu'est-ce que tu veux faire ce soir ?
   — Je veux qu'on _____ au cinéma. (aller)

   (4) Demain, il y aura des orages. C'est dommage que nous ne _____ pas partir à la montagne. (pouvoir)

3. CD を聴いて ☐ の動詞を接続法現在にして下線部に書き，文を訳しなさい．

   (1) Bonne année ! Je souhaite que cette année _____ prospère pour toi et ta famille !

   (2) On est en retard. Je ne pense pas qu'on _____ à temps.

   (3) Tu as de la fièvre ? Il faut que tu _____ rendez-vous chez le médecin.

   (4) Le ciel est couvert. Je ne crois pas qu'il _____ beau cet après-midi.

   > arriver / être / faire / prendre

4. 次の文の下線部を強調する文を作り，訳しなさい．

   Je réserve une table pour ce soir dans un restaurant japonais.
   (1)   (2)   (3)   (4)

   (1) C'est _____
   (2) C'est _____
   (3) C'est _____
   (4) C'est _____

もう一歩進めよう

綴り字の読み方

🌱 h の読み方

h は発音しないが，無音の h（母音字扱い l'homme [lɔm]）と有音の h（子音字扱い le héros [ləero]）の区別がある．

🌱 e の読み方

e＋子音字＋子音字 [ɛ エ]

elle   toilette   intéressant   parisienne

—er— [ɛr エル]

merci   université   international

—es   —ez [e エ]

des   mes   nez   chantez

ex＋母音字 [ɛgz エグズ]   ex＋子音字 [ɛks エクス]

exercice   exister   expression   excellent

—er [e エ]   [ɛr エル]

chanter   papier   boulanger   hier   hiver

🌱 その他

ail(l) [aj アイユ]   eil(l) [ɛj エイユ]   ill [ij イーユ]

travail   rail   soleil   bouteille   fille   famille
　　　　　　　　　　　　　　　　　　　　＊ville [vil ヴィル]   mille [mil ミル]

—ien [jɛ̃ イアン]   —éen [eɛ̃ エアン]

bien   chien   musicien   lycéen

tion [sjɔ̃ シオン]

nation   station   ＊question [kɛstjɔ̃ ケスチオン]

母音字＋y＋母音字 → 母音字＋i＋i＋母音字

payer → paiier [peje ペイエ]   voyager → voiiager [vwajaʒe ヴォワイヤジェ]

Exercice

次の語を読みなさい．

baguette   anniversaire   désert   dessert   supermarché   rendez-vous
constitution   extérieur   exotique   saladier   pâtissier   merveille
italien   initiation   essayer   envoyer

Leçon 1

1 名詞の複数形

1) 原則：単数形＋**s**

   voiture → voiture**s**

2) ―s, ―x, ―z で終わる名詞の複数形は単数形と同じ．

   bra**s** → bra**s**　　　pri**x** → pri**x**　　　ne**z** → ne**z**

3) ―eau, ―eu, ―au で終わる名詞の複数形には **x** をつける．

   cadeau → cadeau**x**　　　cheveu → cheveu**x**　　　tuyau → tuyau**x**

4) ―al で終わる名詞の複数形は ―**aux** になる．

   anim**al** → anim**aux**

5) 特殊な形

   œil　　　→ yeux　　　　　travail　　→ travaux

   monsieur → messieurs　　　madame　　→ mesdames

2 不定冠詞の用法

話し手と聞き手の間で**周知されていない**ものをさす．　　J'ai acheté **un** sac.

3 定冠詞の用法

1) 対象となる種類全体をさす．　　J'aime **les** chats.

2) 話し手と聞き手の両者に**周知されている**ものをさす．　　Je ferme **la** fenêtre ?

Exercice

次の文を単数は複数に，複数は単数にして書き，訳しなさい．

(1) C'est un chapeau.　　　＿＿＿＿＿＿＿＿＿＿＿＿＿＿＿＿＿

(2) Ce sont des châteaux.　＿＿＿＿＿＿＿＿＿＿＿＿＿＿＿＿＿

(3) C'est un journal.　　　＿＿＿＿＿＿＿＿＿＿＿＿＿＿＿＿＿

(4) C'est un pays d'Asie.　＿＿＿＿＿＿＿＿＿＿＿＿＿＿＿＿＿

Leçon 2

1 特殊な女性形をもつ形容詞

・doux → douce　　・frais → fraîche　　・sec → sèche　　・faux → fausse

男性第2形をもつ形容詞

	男性	女性
単数	nouveau (nouvel)	nouvelle
複数	nouveaux	nouvelles

un　nouveau château
un　nouvel appartement / hôtel
une　nouvelle maison

	男性	女性
単数	vieux (vieil)	vieille
複数	vieux	vieilles

un　vieux château
un　vieil appartement / hôtel
une　vieille maison

2 不定冠詞 des → de (d')

・ 形容詞＋名詞 の語順では不定冠詞 des は de (d') になる．

　　une belle voiture　→　de belles voitures
　　une autre question　→　d'autres questions
　　　＊un chat noir　→　des chats noirs

3 職業・身分を表す名詞

男性	étudiant	pâtissier	chanteur	musicien	acteur	avocat
女性	étudiante	pâtissière	chanteuse	musicienne	actrice	avocate
男女同形	médecin	professeur	journaliste	ingénieur	fonctionnaire

Exercice

指示された形容詞を名詞につけて文を書き換え，訳しなさい．

(1) C'est une boisson. (frais)　　＿＿＿＿＿＿＿＿＿＿＿＿＿＿

(2) Ce sont des maisons. (vieux)　　＿＿＿＿＿＿＿＿＿＿＿＿＿＿

(3) Voici des pâtissières. (français)　　＿＿＿＿＿＿＿＿＿＿＿＿＿＿

(4) Mon appartement est grand. (nouveau)　　＿＿＿＿＿＿＿＿＿＿＿＿＿＿

(5) Voilà un hôtel. (beau)　　＿＿＿＿＿＿＿＿＿＿＿＿＿＿

Leçon 3

1 否定の冠詞

1) 属詞につく不定冠詞，部分冠詞は否定文で de (d') にならない．

C' est du sel.　　→　Ce n'est pas du sel.
主語 (S) 動詞 (V) 属詞 (A)

C'est un film français.　　Ce n'est pas un film français.

＊主語，直接目的語の性質を伝える名詞や形容詞を属詞と呼ぶ．

2) 定冠詞は否定文で de (d') にならない．

J'ai le temps.　　→　Je n'ai pas le temps.

2 否定の表現

> **ne 〜 que …**　　…しか〜ない

Je n'ai pas de monnaie.　Je n'ai que des billets.

(J'ai seulement des billets.)

＊ne 〜 que は制限を表すため，que のあとの直接目的語につく不定冠詞，部分冠詞は de (d') にならない．

Exercice

次の文を否定文にして，訳しなさい．

(1) C'est le terminus.　　　　　_____

(2) J'ai de l'argent.　　　　　_____

(3) C'est un train pour Osaka.　_____

(4) Nous avons des enfants.　　_____

(5) Il y a du vent.　　　　　　_____

(6) J'ai le moral.　　　　　　_____

Leçon 4

1 倒置疑問文

・主語が名詞のとき，名詞はそのままにして，その人称代名詞を用いて動詞と倒置する．

<u>Cécile et Marie</u> sont françaises ?　→　<u>Cécile et Marie</u> **sont-elles** françaises ?
<u>Marie</u> a un chien ?　　　　　　　→　<u>Marie</u> **a-*t*-elle** un chien ?

2 語幹に変化のある —er 規則動詞

◀ acheter ▶
j' ach**è**te
tu ach**è**tes
il ach**è**te
elle ach**è**te
nous achetons
vous achetez
ils ach**è**tent
elles ach**è**tent

◀ préférer ▶
je préf**è**re
tu préf**è**res
il préf**è**re
elle préf**è**re
nous préférons
vous préférez
ils préf**è**rent
elles préf**è**rent

◀ appeler ▶
j' appe**ll**e
tu appe**ll**es
il appe**ll**e
elle appe**ll**e
nous appelons
vous appelez
ils appe**ll**ent
elles appe**ll**ent

◀ envoyer ▶
j' envo**i**e
tu envo**i**es
il envo**i**e
elle envo**i**e
nous envoyons
vous envoyez
ils envo**i**ent
elles envo**i**ent

◀ manger ▶
nous mang**e**ons

◀ commencer ▶
nous commen**ç**ons

Exercice

指示された動詞の直説法現在を下線部に書き，文を訳しなさい．

(1) Elle _____ un colis. (envoyer)
(2) Nous _____ beaucoup. (voyager)
(3) Je _____ rester à la maison. (préférer)
(4) Il _____ le chien. (promener)
(5) Les enfants _____ la main pour répondre. (lever)
(6) J'_____ le médecin. (appeler)

Leçon 5

I 所有代名詞

	男性単数	女性単数	男性複数	女性複数
私のもの	le mien	la mienne	les miens	les miennes
君のもの	le tien	la tienne	les tiens	les tiennes
彼のもの／彼女のもの	le sien	la sienne	les siens	les siennes
私たちのもの	le nôtre	la nôtre	les nôtres	
あなた(方)のもの／君たちのもの	le vôtre	la vôtre	les vôtres	
彼らのもの／彼女たちのもの	le leur	la leur	les leurs	

[用法] 〈所有形容詞＋名詞〉の代わりになる．名詞の性・数に一致する形を用いる．

C'est ton dictionnaire ? — Oui, c'est **le mien**. (**mon dictionnaire**)

Exercice

下線部を所有代名詞を用いて書き換え，文を訳しなさい．

(1) C'est votre place ?
　　　— Oui, c'est <u>ma place</u>. ＿＿＿＿＿＿＿＿＿＿
(2) Ce sont tes parents ?
　　　— Non, ce ne sont pas <u>mes parents</u>. ＿＿＿＿＿＿＿＿＿＿
(3) Notre professeur de français est gentil.
　　Et <u>votre professeur</u> ? ＿＿＿＿＿＿＿＿＿＿
　　　— <u>Notre professeur</u> aussi. ＿＿＿＿＿＿＿＿＿＿
(4) C'est ma valise. <u>Ta valise</u> est là-bas. ＿＿＿＿＿＿＿＿＿＿
(5) Ce stylo est à Paul ?
　　　— Oui, c'est <u>son stylo</u>. ＿＿＿＿＿＿＿＿＿＿
(6) Cette maison est à M. et Mme Legrand ?
　　　— Non, ce n'est pas <u>leur maison</u>. ＿＿＿＿＿＿＿＿＿＿

Leçon 6

I 性・数の変化がある疑問代名詞

	男性	女性
単数	lequel	laquelle
複数	lesquels	lesquelles

用法 同種の人，もののなかから「誰」「どれ」と選択を問うときに用いる．

Il y a deux bus là-bas.
Lequel prenons-nous ? / Lequel est-ce que nous prenons ? /
Nous prenons lequel ?

Laquelle de ces robes est-ce que tu choisis ?

Exercice

適切な疑問代名詞 (lequel ...) を下線部に書き，文を訳しなさい．

(1) _____ de ces deux cravates préfères-tu ?

(2) Il y a plusieurs bouteilles de vin blanc. _____ est-ce qu'on choisit ?

(3) Nous achetons deux gâteaux à la pâtisserie. — D'accord, mais _____ ?

(4) Tu me prêtes ton stylo ? — _____ ?

(5) Dans mon cours, deux étudiantes travaillent bien. — Ah bon ! _____ ?

Leçon 7

I 前置詞 à ＋国名 「～へ」「～で」

- 男性名詞単数の国名 le Japon (à le Japon)

    Je vais **au** Japon.

- 女性名詞単数の国名 la France

    Je vais **en** France.

    ＊女性名詞単数の国名には à la ではなく en を用いる．
    Je vais **en** Angleterre.
    ＊母音字で始まる男性名詞単数の国名にも en を用いる．
    Je vais **en** Iran.

- 複数名詞の国名 les États-Unis (à les États-Unis)

    Je vais **aux** États-Unis.

Exercice

「～へ，～で」を表す前置詞と冠詞を正しい形にして下線部に書き，文を訳しなさい．

(1) Nous allons _____ France.

(2) Je suis _____ Chine.

(3) Ils vont _____ Grande-Bretagne.

(4) Elle est _____ Pays-Bas.

(5) Il va _____ Afghanistan.

(6) On va _____ Canada.

Leçon 8

1 前置詞 de「～から」＋国名

- 男性名詞単数の国名 le Japon (~~de le~~ Japon)

    Je viens **du** Japon.

- 女性名詞単数の国名 la France

    Je viens **de** France.

    ＊女性名詞単数の国名には de la ではなく **de / d'** を用いて「～から」を表す．
    Je viens **d'**Italie.
    ＊母音字で始まる男性名詞単数の国名にも **d'** を用いる．
    Je viens **d'**Iran.

- 複数名詞の国名 les États-Unis (~~de les~~ États-Unis)

    Je viens **des** États-Unis.

Exercice

「～から」を表す前置詞と冠詞を正しい形にして下線部に書き，文を訳しなさい．

(1) Je viens ＿＿＿＿＿＿＿＿＿ Corée du Sud.

(2) Elle rentre ＿＿＿＿＿＿＿＿＿ Espagne.

(3) Ils viennent ＿＿＿＿＿＿＿＿＿ Afghanistan.

(4) Il revient ＿＿＿＿＿＿＿＿＿ Canada.

(5) Nous venons ＿＿＿＿＿＿＿＿＿ Pays-Bas.

(6) Elles reviennent ＿＿＿＿＿＿＿＿＿ Angleterre.

Leçon 9

1 肯定命令における直接目的語代名詞の位置

〈動詞 - 直接目的語の人称代名詞〉

Écoute - **moi** (~~me~~) !
- **le**
- **la**
- **nous**
- **les**

2 否定命令における直接目的語代名詞の位置

否定文の主語をとった語順

~~Tu~~ ne l'écoutes pas. → Ne l'écoute pas.
~~Nous~~ ne les écoutons pas. → Ne les écoutons pas.
~~Vous~~ ne m'attendez pas. → Ne m'attendez pas.

Exercice

下線部の名詞を代名詞に変えて文を書き換えなさい．次にその文を命令文に書き換え，文を訳しなさい．

(1) Thomas ne vient pas.　Nous n'attendons plus Thomas.
　_____

(2) Ton père a raison.　Tu écoutes bien ton père.
　_____

(3) Cette veste n'est pas à ta taille.　Tu ne prends pas cette veste.
　_____

(4) Sophie porte une belle robe.　Vous regardez Sophie.
　_____

Leçon 10

1 2つの目的語代名詞の併用

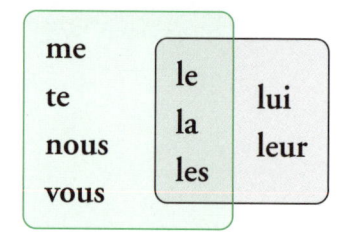

me		
te	le	lui
nous	la	leur
	les	
vous		

Je **te le** prête.
Je **la lui** présente.

＊me, te, nous, vous と lui, leur を併用しない．この場合，lui, leur を〈à＋強勢形〉にする．
　Je **te** présente **à lui**.
＊〈penser à＋人〉では〈à＋強勢形〉にする．
　Je pense **à toi**.

2 肯定命令における2つの目的語代名詞の併用

〈動詞 - 直接目的代名詞 - 間接目的語代名詞〉

Donnez - **le** - **lui**.　　　Donnez - **les** - **moi**.

3 否定命令における2つの目的語代名詞の併用

1の語順の否定文の主語をとる．

Vous ne **la lui** donnez pas. → Ne **la lui** donnez pas.

Exercice

指示にしたがって下線部の名詞を代名詞に置き換えて答え，文を訳しなさい．

(1) Tu me prêtes <u>ton dictionnaire</u>?　— Oui, je ＿＿＿＿＿＿＿＿＿＿＿．
(2) Je te passe <u>le journal</u>?　— Oui, tu ＿＿＿＿＿＿＿＿＿＿＿．
(3) Je montre <u>ces photos</u> <u>à Céline</u>?　— Non.　Ne ＿＿＿＿＿＿＿＿＿＿＿．
(4) Tu nous présentes <u>ta petite amie</u>?　— Bien sûr, je ＿＿＿＿＿＿＿＿＿＿＿．
(5) Je te prête <u>mon cahier</u>?　— Oui.　Prête ＿＿＿＿＿＿＿＿＿, s'il te plaît.
(6) Je ferme <u>la fenêtre</u>?　— Non.　Ne ＿＿＿＿＿＿＿＿＿＿＿．

Leçon 11

I 代名動詞 s'en aller「立ち去る」の直説法現在

→ s'en aller ←

je m'en vais	nous nous en allons
tu t'en vas	vous vous en allez
il s'en va	ils s'en vont
elle s'en va	elles s'en vont

(否定形) il **ne** s'en va **pas**

(疑問形) Il s'en va ?   Est-ce qu'il s'en va ?   S'en va-t-il ?

(肯定命令) (tu) Va-t'en !
(nous) Allons-nous-en !
(vous) Allez-vous-en !

(否定命令) (tu) Ne t'en va pas !
(nous) Ne nous en allons pas !
(vous) Ne vous en allez pas !

Exercice

代名動詞 s'en faire を指示された形にして訳しなさい．

(1) tu に対する否定命令　　　_____

(2) nous に対する否定命令　　_____

(3) vous に対する否定命令　　_____

Leçon 12

1 助動詞 avoir における過去分詞の一致

複合過去（複合時制）で avoir を助動詞にとる他動詞は，直接目的語が動詞の前に置かれているとき，**過去分詞をこの直接目的語の性・数に一致**させる．

Où est-ce que vous **avez pris** ces photos ?

— Je **les ai prises** à Venise.

Tu as invité Paul et Marie ?

— Non, je **ne les ai pas** invités.

2 複合過去（複合時制）における副詞の位置

déjà, encore, bien, mal, beaucoup などの副詞はふつう**過去分詞の前**に置く．

Vous **avez déjà visité** la cathédrale Notre Dame de Paris ?

— Non, je **ne l'ai pas encore** visitée.

J'ai **bien** / **beaucoup** mangé.

Je **n'ai pas bien** / **beaucoup** mangé.

Exercice

指示された動詞の複合過去を下線部に書き，文を訳しなさい．

(1) Hier, nous _____ Marie. (rencontrer)

　　— Où est-ce que vous l'_____ ? (rencontrer)

(2) Où est-ce que j'_____ mes clés ? (mettre)

　　— Tu les _____ sur la table. (mettre)

(3) Je ne trouve pas ma carte d'étudiant.

　　Je l'_____ à la maison. (oublier)

(4) Tu _____ longtemps Cécile et Sylvie ? (attendre)

　　— Oui, je les _____ une demi-heure. (attendre)

Leçon 13

I 再帰代名詞と過去分詞の性・数一致

- 複合過去（複合時制）における代名動詞は，再帰代名詞が**直接目的語として機能**しているとき，過去分詞は主語の性・数に**一致する**.
- 再帰代名詞が**間接目的語として機能**しているときは過去分詞の**一致はない**.

Elle se lave. 〈laver＋直接目的語〉	(se：直接目的語)	Elle s'est **lavée**.
Elle se lave <u>les mains</u>. 直接目的語	(se：間接目的語)	Elle s'est **lavé** les mains.
Ils se rencontrent. 〈rencontrer＋直接目的語〉	(se：直接目的語)	Ils **se** sont **rencontrés**.
Ils se téléphonent. 〈téléphoner＋間接目的語 (à 人)〉	(se：間接目的語)	Ils **se** sont **téléphoné**.

Exercice

指示された動詞の複合過去を書き，文を訳しなさい．

(1) Les voitures ＿＿＿＿＿＿＿＿＿＿ au feu rouge． (s'arrêter)

(2) Paul et Marie ＿＿＿＿＿＿＿＿＿＿ pendant un an． (s'écrire)

(3) Elle ＿＿＿＿＿＿＿＿＿＿ avec ses parents． (se disputer)

(4) Ils ＿＿＿＿＿＿＿＿＿＿ au revoir． (se dire)

(5) Sophie ＿＿＿＿＿＿＿＿＿＿ le doigt． (se couper)

Leçon 14

I 中性代名詞 le

[用法] 1) 属詞の名詞，形容詞を受ける．

Ta sœur est aussi étudiante ?
— Non, elle ne l'est pas.
(Non, elle n'est pas étudiante.)
Émilie est grande, mais sa mère ne l'est pas.
(sa mère n'est pas grande.)

2) 既出の事柄を受ける．

Marie est malade. Tu le sais ?
(Tu sais que Marie est malade ?)

Exercice

次の質問に中性代名詞 en / y / le を用いて答え，文を訳しなさい．

(1) Tu veux du café ? — Non, merci. Je viens d'_____ prendre.
(2) Tu penses qu'on a le temps de visiter ce musée ? — Je ne _____ crois pas.
(3) Tu assistes toujours au cours de M. Martin ?
    — Non, je n'_____ assiste plus.
(4) Tu sais que Paul se marie ? — Oui. Il me _____ a dit.
(5) Philippe est gentil ! — Ah bon ? Il ne _____ est pas avec moi !

Leçon 15

1 名詞の比較級

```
優等（＋）  plus     de
同等（＝）  autant   de  名詞  que
劣等（－）  moins    de
```

Brigitte lit **plus de** livre**s** **que** Céline.
Céline lit **autant de** livre**s** **que** moi.
Céline lit **moins de** livre**s** **que** Brigitte.
　＊数えられる名詞は複数形にする．

2 名詞の最上級

```
定冠詞 le  plus   de   名詞 de
           moins  de
```

Qui lit **le plus de** livres d'entre vous ?

3 副詞 beaucoup, peu の優等比較級

~~plus beaucoup~~ → **plus**　　　　　~~plus peu~~ → **moins**
Luc travaille **plus que** les autres.　　Le bébé mange **moins que** d'habitude.

Exercice

指示にしたがって比較の文を完成し，文を訳しなさい．
(1) À Tokyo, il y a _____ qu'à Paris. (habitant ＋)
(2) Alain prend _____ qu'avant. (vin －)
(3) Marie a _____ que le mois dernier. (travail ＝)
(4) Elle lit _____ que l'année dernière. (livre ＋)
(5) Au Japon, il y a _____ qu'en France. (touriste －)
(6) Éric gagne _____ qu'avant. (beaucoup ＋)

Leçon 16

1　代名動詞の直説法半過去と直説法大過去

・ se dire ・

je me dis**ais**	nous nous dis**ions**
tu te dis**ais**	vous vous dis**iez**
il se dis**ait**	ils se dis**aient**
elle se dis**ait**	elles se dis**aient**

・ se tromper ・

je m'étais trompé(e)	nous nous étions trompé(e)s
tu t'étais trompé(e)	vous vous étiez trompé(e)(s)
il s'était trompé	ils s'étaient trompés
elle s'était trompée	elles s'étaient trompées

À cette époque-là, les gens du quartier se connaissaient et se disaient toujours bonjour.

Anne attendait Paul, mais il n'est pas venu. Elle s'était trompée de date.

2　話法で用いられる直説法半過去と大過去

・直説法半過去：主節が過去時制の従属節で用いられ，主節の過去時制と同時の事柄を表す．［過去における現在］

　Didier *a dit* qu'il habitait à Paris. (Didier *a dit* : « J'**habite** à Paris. »)

・直説法大過去：主節が過去時制の従属節で用いられ，主節の過去時制より前に完了している事柄を表す．［過去における過去］

　Didier *a dit* qu'il était allé au cinéma. (Didier *a dit* : « Je **suis allé** au cinéma. »)

Exercice

次の直接話法の文を間接話法の文に書き換えなさい．

(1) Hélène a dit : « Je ne me sens pas bien. »

(2) Thomas a dit : « Mes amis japonais sont venus en France. »

(3) Brigitte a dit : « Je me suis trompée de chemin. »

(4) Bernard a dit : « J'ai vu ce film au cinéma Odéon. »

Leçon 17

I 前置詞＋関係代名詞

1) 前置詞＋**qui**：「人」を表す先行詞が関係詞節で前置詞とともに用いられる文をつなぐ．

   Les amis **avec qui** je vais dîner aiment la cuisine française.

   (je vais dîner avec ces amis)

2) 前置詞＋**lequel, laquelle, lesquels, lesquelles**：主として「もの」を表す先行詞が関係詞節で前置詞とともに用いられる文をつなぐ．

   On ne connaît pas la raison **pour laquelle** il n'est pas venu.

   (il n'est pas venu pour cette raison)

・前置詞が **à, de** のとき

	男性	女性		男性	女性
単数	auquel	à laquelle	単数	duquel	de laquelle
複数	auxquels	auxquelles	複数	desquels	desquelles

Le concert **auquel** j'ai assisté était intéressant.　(j'ai assisté à ce concert)

Près de chez moi, il y a un lac au bord **duquel** on se promène souvent.

(on se promène au bord de ce lac)

3) 前置詞＋**quoi**：ce, quelque chose などの先行詞が前置詞とともに用いられる文をつなぐ．

   C'est ce **à quoi** il n'a pas pensé.　(il n'a pas pensé à cela)

Exercice

下線部に適切な関係代名詞を書き，文を訳しなさい．

(1) Qui est le monsieur avec _____ elle se promène ?

(2) Ce sont des questions _____ les élèves ne savent pas répondre.

(3) C'est la coiffeuse chez _____ je vais souvent.

(4) Anne et Didier font une fête _____ nous sommes invités.

Leçon 18

1 直説法前未来

> 助動詞（**avoir** または **être** 直説法単純未来）＋過去分詞

◀ finir ▶

j' **aurai** fini	nous **aurons** fini
tu **auras** fini	vous **aurez** fini
il **aura** fini	ils **auront** fini
elle **aura** fini	elles **auront** fini

◀ rentrer ▶

je **serai** rentré(e)	nous **serons** rentré(e)s
tu **seras** rentré(e)	vous **serez** rentré(e)(s)
il **sera** rentré	ils **seront** rentrés
elle **sera** rentrée	elles **seront** rentrées

[用法] 未来のある時点までに完了しているはずの行為，事柄を伝える．

Quand j'**aurai fini** mon travail, je **rentrerai** à la maison.
Anne **sera rentrée** avant huit heures.

Exercice

直説法単純未来は ____ に，直説法前未来は …… に書き，文を訳しなさい．

(1) Quand vous …………… (rentrer) à la maison, qu'est-ce que vous _____ (faire) ?
— Je _____ (dîner). Quand j'…………… (réviser) mes cours, je _____ (prendre) le bain et je _____ (se coucher).

(2) Quand tu …………… (arriver) à Paris, tu me _____ (téléphoner).

(3) Vous …………… (recevoir) votre commande avant jeudi.

(4) Il _____ (aller) étudier en France quand il …………… (terminer) ses études au Japon.

Leçon 19

1 条件法過去

> 助動詞（**avoir** または **être** 条件法現在）＋過去分詞

◀ pouvoir ▶

j' **aurais pu**	nous **aurions pu**		
tu **aurais pu**	vous **auriez pu**		
il **aurait pu**	ils **auraient pu**		
elle **aurait pu**	elles **auraient pu**		

◀ venir ▶

je **serais venu(e)**	nous **serions venu(e)s**
tu **serais venu(e)**	vous **seriez venu(e)(s)**
il **serait venu**	ils **seraient venus**
elle **serait venue**	elles **seraient venues**

[用法] 1) 過去の事柄を仮定して伝える．
   Sans cet incident, il **serait venu** à la fête.

2) 〈si＋直説法大過去，条件法過去〉過去の非現実の条件とその結果を仮定して伝える．
   S'il **avait fait** beau hier, ils **seraient allés** à la mer.

3) pouvoir, vouloir, devoir などの動詞で，後悔，非難を表す．
   Tu **aurais pu** partir plus tôt.　Vous **auriez dû** travailler plus.
   J'**aurais voulu** danser avec lui.

4) 報道文で断定を避けて過去の事柄を伝える．
   Il y **aurait eu** de nombreux blessés dans cet accident.

2 話法で用いられる条件法現在と条件法過去

・条件法現在：主節が過去時制の従属節で用いられ，主節の過去時制からみた未来を表す．［過去からみた未来］
   Didier *a dit* qu'il **habiterait** à Paris.　(Didier *a dit* : « J'**habiterai** à Paris. »)

・条件法過去：主節が過去時制の従属節で用いられ，主節の過去時制からみた未来完了を表す．［過去からみた未来完了］
   Didier *a dit* qu'il **serait rentré** à minuit.　(Didier *a dit*：« Je **serai rentré** à minuit. »)

Exercice

指示された動詞の条件法過去を下線部に書き，文を訳しなさい．

(1) S'il avait fait beau hier, nous ＿＿＿＿＿ une excursion.　(faire)

(2) Si je n'avais pas eu de travail, je ＿＿＿＿＿ en vacances en famille.　(partir)

(3) Vous ＿＿＿＿＿ me téléphoner.　(pouvoir)

(4) Catherine a dit qu'elle ＿＿＿＿＿ à Paris avant midi.　(arriver)

Leçon 20

1 接続法過去

> 助動詞（**avoir** または **être** 接続法現在）＋過去分詞

◂ voir ▸

que j' **aie vu**	que nous **ayons vu**
que tu **aies vu**	que vous **ayez vu**
qu'il **ait vu**	qu'ils **aient vu**
qu'elle **ait vu**	qu'elles **aient vu**

◂ partir ▸

que je **sois parti**(e)	que nous **soyons parti**(e)s
que tu **sois parti**(e)	que vous **soyez parti**(e)(s)
qu'il **soit parti**	qu'ils **soient partis**
qu'elle **soit partie**	qu'elles **soient parties**

接続法過去は完了していることを表す．

Je **suis triste** qu'ils **soient partis** si tôt.

2 接続法の用法

名詞節： ［疑問］ **Pensez-vous qu'**il **réussisse** (à) son examen ?

形容詞節／関係詞節で：

　［唯一・最上級］ C'est **la seule** personne **qui** me **comprenne**.
　　　　　　　　　 C'est **le meilleur** film **que** j'**aie vu** cette année.
　［不確実］ Je **cherche** une fille **qui parle** trois langues.

副詞節で：
　［期限］ Partons **avant qu'**il y **ait** des embouteillages.
　［目的］ Parlez plus fort **pour que** tout le monde vous **entende**.
　［譲歩］ **Bien qu'**elle **soit partie** tôt, elle est arrivée en retard.
　［条件］ **Pourvu qu'**il **fasse** beau, on ira à la montagne.

Exercice

指示された動詞を (1) ～ (3) は接続法現在で，(4) ～ (6) は接続法過去で書き，文を訳しなさい．

(1) Nous cherchons une fille qui ＿＿＿＿＿＿ garder nos enfants. (pouvoir)

(2) Bien qu'il ＿＿＿＿＿＿, il n'arrête pas de fumer. (tousser)

(3) Je crains qu'il ne* ＿＿＿＿＿＿. (pleuvoir)　*虚辞の ne

(4) C'est la plus belle ville que nous ＿＿＿＿＿＿. (visiter)

(5) Je suis contente que Marie et Pierre ＿＿＿＿＿＿ chez moi. (venir)

(6) C'est dommage qu'elles ＿＿＿＿＿＿ à Paris. (ne pas passer)

書いて言ってみよう

Leçon 1　身近なものを提示する

(1) 友だち (amie, copine) のアキコです．
(2) あそこに学校があるでしょ．トマ (Thomas) の学校よ．
(3) それはポール (Paul) の自転車だよ．

Leçon 2　人やものの特徴を伝える

(1) おいしい日本料理店があるよ．
(2) すてきな歌だね．
(3) （女性に）どうもありがとうございます (Merci beaucoup)．ご親切に．

Leçon 3　ないものを伝える

(1) 小銭がない．
(2) ついてないな．
(3) 冷蔵庫 (le frigo) にもうビールがないよ．

Leçon 4　好き・嫌いを伝える

(1) スポーツは好きですか？　—いいえ，好きではありません．
(2) 映画は好き？　—はい，とても (beaucoup)．
(3) 音楽は好きじゃないの？　—いいえ（好きです）．

Leçon 5　誰のものかを尋ね，伝える

(1) これは僕の辞書です．
(2) 君の自転車？
(3) あなたのカバンですか？　—いいえ，私のカバンではありません．

Leçon 6 　　 していることを尋ね，答える

(1) 何しているの？　─ 音楽，聴いているんだ．
(2) あなたの旦那さん (le mari) は何しているの？　─ 料理を作っているわ．
(3) フランス語の授業の予習をしているの．

Leçon 7 　　 場所や時期を尋ね，答える

(1) 週末はどこに行こうか？　─ 映画に行きましょう．
(2) いつ出発するの？　─ 今晩．
(3) 会社に行くよ．

Leçon 8 　　 出身地を尋ね，答える

(1) どちらのご出身ですか？　─ 名古屋の出身です．
(2) 彼女はパリの出身だよ．
(3) 東京の方ですか？　─ いいえ．千葉です．

Leçon 9 　　 命令する

(1) しっかり勉強しなさい．
(2) 待ってよ．
(3) 新聞 (le journal) をとって (passer)．

Leçon 10 　　 天気を伝える

(1) 一日中 (toute la journée) 雨だ．
(2) とても (très) いい天気だ．
(3) 雲 (des nuages) が出ている．

Leçon 11　起床，就寝時間を伝える

(1) 私は 6 時頃 (vers) 目覚める．
(2) 私は 6 時半に起きる．
(3) 私は午前 0 時に寝る．

Leçon 12　大学でしたことを伝える

(1) フランス語の授業があった．
(2) 昼は，学食 (le resto U) で友だちと食べた．
(3) 午後，図書館 (la bibliothèque) で勉強した．

Leçon 13　夏休みにしたことを伝える

(1) 両親と一緒にパリに行った．
(2) 私たちはエッフェル塔にのぼった．
(3) シャンゼリゼ (sur les Champs-Élysées) を散歩した．

Leçon 14　兄弟，姉妹について尋ね，答える

(1) 姉妹はいますか？　— はい，1 人います．
(2) 兄弟いるの？　— ううん，いない．
(3) ひとりっこ (fille / fils unique) です．

Leçon 15　日仏を比較する

(1) フランスの人口 (la population) は日本より多く (grand) ない．
(2) TGV は新幹線と同じくらい速い (rapide)．
(3) フランスの夏は日本よりじめじめして (humide) いない．

Leçon 16 昔のことを伝える

(1) 私は小さい頃，恥ずかしがりや (timide) でした．
(2) 私たちは中学生 (collégien / collégienne) のとき修学旅行で (en voyage scolaire) 京都に行きました．
(3) 私は高校生 (lycéen / lycéenne) のときサッカー (le foot) をしていた．

Leçon 17 日本について説明する

(1) 日本は日本酒 (le saké) を造っている国です．
(2) 日本は地震 (des tremblements de terre) のある国です．
(3) 日本は子供の数 (le nombre d'enfants) が少なくなっている (baisser) 国です．

Leçon 18 予定を伝える

(1) 私は週末に友人と映画を見に行きます．
(2) 1月にフランス語の学年末試験 (l'examen final) があります．
(3) 私は3年後に大学を卒業 (terminer mes études) します．

Leçon 19 未確認情報を伝える

(1) アキコは体調が悪い (se sentir mal) ようです．
(2) （彼の）電車が遅れている (avoir du retard) ようです．
(3) タカシは今日お休みだそうです．

Leçon 20 望んでいることを伝える

(1) 私たちはフランス語の試験が難しくないことを望んでいます．
(2) 私はフランスでの語学研修 (mon séjour linguistique) が楽しい (agréable) ことを望んでいます．
(3) この1年があなたにとって幸多き (plein de bonheur) 年となりますよう願っております (souhaiter)．

〈基本＋アルファ〉のフランス語文法
（CD 付）

中 村 敦 子 著

2014. 3. 1　初版発行
2022. 3. 10　5刷発行

発行者　井　田　洋　二

発行所　〒101–0062　東京都千代田区神田駿河台 3 の 7
　　　　電話 03(3291) 1676　FAX 03(3291) 1675
　　　　振替 00190–3–56669

株式会社　駿河台出版社

製版　ユーピー工芸／印刷　三友印刷

http://www.e-surugadai.com
ISBN 978-4-411-00773-5 C1085

動詞活用表

◇ 活用表中，現在分詞と過去分詞はイタリック体，また書体の違う活用は，とくに注意すること．

accueillir	22	écrire	40	pleuvoir	61
acheter	10	émouvoir	55	pouvoir	54
acquérir	26	employer	13	préférer	12
aimer	7	envoyer	15	prendre	29
aller	16	être	2	recevoir	52
appeler	11	être aimé(e)(s)	5	rendre	28
(s')asseoir	60	être allé(e)(s)	4	résoudre	42
avoir	1	faire	31	rire	48
avoir aimé	3	falloir	62	rompre	50
battre	46	finir	17	savoir	56
boire	41	fuir	27	sentir	19
commencer	8	(se) lever	6	suffire	34
conclure	49	lire	33	suivre	38
conduire	35	manger	9	tenir	20
connaître	43	mettre	47	vaincre	51
coudre	37	mourir	25	valoir	59
courir	24	naître	44	venir	21
craindre	30	ouvrir	23	vivre	39
croire	45	partir	18	voir	57
devoir	53	payer	14	vouloir	58
dire	32	plaire	36		

◇ 単純時称の作り方

不定法
—er [e]
—ir [ir]
—re [r]
—oir [war]

現在分詞
—ant [ɑ̃]

	直説法現在		接続法現在		直説法半過去	
je (j')	—e	[無音]	—s	[無音]	—e	[無音]	—ais	[ɛ]
tu	—es	[無音]	—s	[無音]	—es	[無音]	—ais	[ɛ]
il	—e	[無音]	—t	[無音]	—e	[無音]	—ait	[ɛ]
nous	—ons	[ɔ̃]		—ions	[jɔ̃]	—ions	[jɔ̃]
vous	—ez	[e]		—iez	[je]	—iez	[je]
ils	—ent	[無音]		—ent	[無音]	—aient	[ɛ]

	直説法単純未来		条件法現在	
je (j')	—rai	[re]	—rais	[rɛ]
tu	—ras	[rɑ]	—rais	[rɛ]
il	—ra	[ra]	—rait	[rɛ]
nous	—rons	[rɔ̃]	—rions	[rjɔ̃]
vous	—rez	[re]	—riez	[rje]
ils	—ront	[rɔ̃]	—raient	[rɛ]

直説法単純過去

je	—ai	[e]	—is	[i]	—us	[y]
tu	—as	[ɑ]	—is	[i]	—us	[y]
il	—a	[a]	—it	[i]	—ut	[y]
nous	—âmes	[am]	—îmes	[im]	—ûmes	[ym]
vous	—âtes	[at]	—îtes	[it]	—ûtes	[yt]
ils	—èrent	[ɛr]	—irent	[ir]	—urent	[yr]

過去分詞	—é [e], —i [i], —u [y], —s [無音], —t [無音]

①**直説法現在**の単数形は，第一群動詞では—e，—es，—e；他の動詞ではほとんど—s，—s，—t．
②**直説法現在**と**接続法現在**では，nous, vous の語幹が，他の人称の語幹と異なること（母音交替）がある．
③**命令法**は，直説法現在の tu, nous, vous をとった形．（ただし—es → e　vas → va）
④**接続法現在**は，多く直説法現在の 3 人称複数形から作られる．ils partent → je parte．
⑤**直説法半過去**と**現在分詞**は，直説法現在の 1 人称複数形から作られる．
⑥**直説法単純未来**と**条件法現在**は多く不定法から作られる．aimer → j'aimerai, finir → je finirai, rendre → je rendrai (-oir 型の語幹は不規則)．

1. avoir

現在分詞
ayant

過去分詞
eu [y]

直説法

	現在		半過去		単純過去	
j'	ai	j'	avais	j'	eus [y]
tu	as	tu	avais	tu	eus
il	a	il	avait	il	eut
nous	avons	nous	avions	nous	eûmes
vous	avez	vous	aviez	vous	eûtes
ils	ont	ils	avaient	ils	eurent

命令法

aie
ayons
ayez

	複合過去			大過去			前過去		
j'	ai	eu	j'	avais	eu	j'	eus	eu
tu	as	eu	tu	avais	eu	tu	eus	eu
il	a	eu	il	avait	eu	il	eut	eu
nous	avons	eu	nous	avions	eu	nous	eûmes	eu
vous	avez	eu	vous	aviez	eu	vous	eûtes	eu
ils	ont	eu	ils	avaient	eu	ils	eurent	eu

2. être

現在分詞
étant

過去分詞
été

直説法

	現在		半過去		単純過去	
je	suis	j'	étais	je	fus
tu	es	tu	étais	tu	fus
il	est	il	était	il	fut
nous	sommes	nous	étions	nous	fûmes
vous	êtes	vous	étiez	vous	fûtes
ils	sont	ils	étaient	ils	furent

命令法

sois
soyons
soyez

	複合過去			大過去			前過去		
j'	ai	été	j'	avais	été	j'	eus	été
tu	as	été	tu	avais	été	tu	eus	été
il	a	été	il	avait	été	il	eut	été
nous	avons	été	nous	avions	été	nous	eûmes	été
vous	avez	été	vous	aviez	été	vous	eûtes	été
ils	ont	été	ils	avaient	été	ils	eurent	été

3. avoir aimé

［複合時称］

分詞複合形
ayant aimé

命令法

aie aimé
ayons aimé
ayez aimé

直説法

	複合過去			大過去			前過去		
j'	ai	aimé	j'	avais	aimé	j'	eus	aimé
tu	as	aimé	tu	avais	aimé	tu	eus	aimé
il	a	aimé	il	avait	aimé	il	eut	aimé
elle	a	aimé	elle	avait	aimé	elle	eut	aimé
nous	avons	aimé	nous	avions	aimé	nous	eûmes	aimé
vous	avez	aimé	vous	aviez	aimé	vous	eûtes	aimé
ils	ont	aimé	ils	avaient	aimé	ils	eurent	aimé
elles	ont	aimé	elles	avaient	aimé	elles	eurent	aimé

4. être allé(e)(s)

［複合時称］

分詞複合形
étant allé(e)(s)

命令法

sois allé(e)
soyons allé(e)s
soyez allé(e)(s)

直説法

	複合過去			大過去			前過去		
je	suis	allé(e)	j'	étais	allé(e)	je	fus	allé(e)
tu	es	allé(e)	tu	étais	allé(e)	tu	fus	allé(e)
il	est	allé	il	était	allé	il	fut	allé
elle	est	allée	elle	était	allée	elle	fut	allée
nous	sommes	allé(e)s	nous	étions	allé(e)s	nous	fûmes	allé(e)s
vous	êtes	allé(e)(s)	vous	étiez	allé(e)(s)	vous	fûtes	allé(e)(s)
ils	sont	allés	ils	étaient	allés	ils	furent	allés
elles	sont	allées	elles	étaient	allées	elles	furent	allées

		条　件　法		接　続　法	
単純未来		現在		現在	半過去
j' aurai	j' aurais	j' aie	j' eusse
tu auras	tu aurais	tu aies	tu eusses
il aura	il aurait	il ait	il eût
nous aurons	nous aurions	nous ayons	nous eussions
vous aurez	vous auriez	vous ayez	vous eussiez
ils auront	ils auraient	ils aient	ils eussent
前未来	過去	過去	大過去
j' aurai eu	j' aurais eu	j' aie eu	j' eusse eu
tu auras eu	tu aurais eu	tu aies eu	tu eusses eu
il aura eu	il aurait eu	il ait eu	il eût eu
nous aurons eu	nous aurions eu	nous ayons eu	nous eussions eu
vous aurez eu	vous auriez eu	vous ayez eu	vous eussiez eu
ils auront eu	ils auraient eu	ils aient eu	ils eussent eu

		条　件　法		接　続　法	
単純未来	現在	現在	半過去
je serai	je serais	je sois	je fusse
tu seras	tu serais	tu sois	tu fusses
il sera	il serait	il soit	il fût
nous serons	nous serions	nous soyons	nous fussions
vous serez	vous seriez	vous soyez	vous fussiez
ils seront	ils seraient	ils soient	ils fussent
前未来	過去	過去	大過去
j' aurai été	j' aurais été	j' aie été	j' eusse été
tu auras été	tu aurais été	tu aies été	tu eusses été
il aura été	il aurait été	il ait été	il eût été
nous aurons été	nous aurions été	nous ayons été	nous eussions été
vous aurez été	vous auriez été	vous ayez été	vous eussiez été
ils auront été	ils auraient été	ils aient été	ils eussent été

		条　件　法		接　続　法	
前未来	過去	過去	大過去
j' aurai aimé	j' aurais aimé	j' aie aimé	j' eusse aimé
tu auras aimé	tu aurais aimé	tu aies aimé	tu eusses aimé
il aura aimé	il aurait aimé	il ait aimé	il eût aimé
elle aura aimé	elle aurait aimé	elle ait aimé	elle eût aimé
nous aurons aimé	nous aurions aimé	nous ayons aimé	nous eussions aimé
vous aurez aimé	vous auriez aimé	vous ayez aimé	vous eussiez aimé
ils auront aimé	ils auraient aimé	ils aient aimé	ils eussent aimé
elles auront aimé	elles auraient aimé	elles aient aimé	elles eussent aimé

		条　件　法		接　続　法	
前未来	過去	過去	大過去
je serai allé(e)	je serais allé(e)	je sois allé(e)	je fusse allé(e)
tu seras allé(e)	tu serais allé(e)	tu sois allé(e)	tu fusses allé(e)
il sera allé	il serait allé	il soit allé	il fût allé
elle sera allée	elle serait allée	elle soit allée	elle fût allée
nous serons allé(e)s	nous serions allé(e)s	nous soyons allé(e)s	nous fussions allé(e)s
vous serez allé(e)(s)	vous seriez allé(e)(s)	vous soyez allé(e)(s)	vous fussiez allé(e)(s)
ils seront allés	ils seraient allés	ils soient allés	ils fussent allés
elles seront allées	elles seraient allées	elles soient allées	elles fussent allées

5. être aimé(e)(s) [受動態]

直 説 法							接 続 法		
現 在			複 合 過 去				現 在		
je	suis	aimé(e)	j'	ai	été	aimé(e)	je	sois	aimé(e)
tu	es	aimé(e)	tu	as	été	aimé(e)	tu	sois	aimé(e)
il	est	aimé	il	a	été	aimé	il	soit	aimé
elle	est	aimée	elle	a	été	aimée	elle	soit	aimée
nous	sommes	aimé(e)s	nous	avons	été	aimé(e)s	nous	soyons	aimé(e)s
vous	êtes	aimé(e)(s)	vous	avez	été	aimé(e)(s)	vous	soyez	aimé(e)(s)
ils	sont	aimés	ils	ont	été	aimés	ils	soient	aimés
elles	sont	aimées	elles	ont	été	aimées	elles	soient	aimées
半 過 去			大 過 去				過 去		
j'	étais	aimé(e)	j'	avais	été	aimé(e)	j'	aie	été aimé(e)
tu	étais	aimé(e)	tu	avais	été	aimé(e)	tu	aies	été aimé(e)
il	était	aimé	il	avait	été	aimé	il	ait	été aimé
elle	était	aimée	elle	avait	été	aimée	elle	ait	été aimée
nous	étions	aimé(e)s	nous	avions	été	aimé(e)s	nous	ayons	été aimé(e)s
vous	étiez	aimé(e)(s)	vous	aviez	été	aimé(e)(s)	vous	ayez	été aimé(e)(s)
ils	étaient	aimés	ils	avaient	été	aimés	ils	aient	été aimés
elles	étaient	aimées	elles	avaient	été	aimées	elles	aient	été aimées
単 純 過 去			前 過 去				半 過 去		
je	fus	aimé(e)	j'	eus	été	aimé(e)	je	fusse	aimé(e)
tu	fus	aimé(e)	tu	eus	été	aimé(e)	tu	fusses	aimé(e)
il	fut	aimé	il	eut	été	aimé	il	fût	aimé
elle	fut	aimée	elle	eut	été	aimée	elle	fût	aimée
nous	fûmes	aimé(e)s	nous	eûmes	été	aimé(e)s	nous	fussions	aimé(e)s
vous	fûtes	aimé(e)(s)	vous	eûtes	été	aimé(e)(s)	vous	fussiez	aimé(e)(s)
ils	furent	aimés	ils	eurent	été	aimés	ils	fussent	aimés
elles	furent	aimées	elles	eurent	été	aimées	elles	fussent	aimées
単 純 未 来			前 未 来				大 過 去		
je	serai	aimé(e)	j'	aurai	été	aimé(e)	j'	eusse	été aimé(e)
tu	seras	aimé(e)	tu	auras	été	aimé(e)	tu	eusses	été aimé(e)
il	sera	aimé	il	aura	été	aimé	il	eût	été aimé
elle	sera	aimée	elle	aura	été	aimée	elle	eût	été aimée
nous	serons	aimé(e)s	nous	aurons	été	aimé(e)s	nous	eussions	été aimé(e)s
vous	serez	aimé(e)(s)	vous	aurez	été	aimé(e)(s)	vous	eussiez	été aimé(e)(s)
ils	seront	aimés	ils	auront	été	aimés	ils	eussent	été aimés
elles	seront	aimées	elles	auront	été	aimées	elles	eussent	été aimées
条 件 法							現在分詞		
現 在			過 去				étant aimé(e)(s)		
je	serais	aimé(e)	j'	aurais	été	aimé(e)			
tu	serais	aimé(e)	tu	aurais	été	aimé(e)	過去分詞		
il	serait	aimé	il	aurait	été	aimé	été aimé(e)(s)		
elle	serait	aimée	elle	aurait	été	aimée			
nous	serions	aimé(e)s	nous	aurions	été	aimé(e)s	命 令 法		
vous	seriez	aimé(e)(s)	vous	auriez	été	aimé(e)(s)	sois	aimé(e)s	
ils	seraient	aimés	ils	auraient	été	aimés	soyons	aimé(e)s	
elles	seraient	aimées	elles	auraient	été	aimées	soyez	aimé(e)(s)	

6. se lever ［代名動詞］

直　説　法							接　続　法		
現　在			複　合　過　去				現　在		
je	me	lève	je	me	suis	levé(e)	je	me	lève
tu	te	lèves	tu	t'	es	levé(e)	tu	te	lèves
il	se	lève	il	s'	est	levé	il	se	lève
elle	se	lève	elle	s'	est	levée	elle	se	lève
nous	nous	levons	nous	nous	sommes	levé(e)s	nous	nous	levions
vous	vous	levez	vous	vous	êtes	levé(e)(s)	vous	vous	leviez
ils	se	lèvent	ils	se	sont	levés	ils	se	lèvent
elles	se	lèvent	elles	se	sont	levées	elles	se	lèvent
半　過　去			大　過　去				過　去		
je	me	levais	je	m'	étais	levé(e)	je	me	sois	levé(e)
tu	te	levais	tu	t'	étais	levé(e)	tu	te	sois	levé(e)
il	se	levait	il	s'	était	levé	il	se	soit	levé
elle	se	levait	elle	s'	était	levée	elle	se	soit	levée
nous	nous	levions	nous	nous	étions	levé(e)s	nous	nous	soyons	levé(e)s
vous	vous	leviez	vous	vous	étiez	levé(e)(s)	vous	vous	soyez	levé(e)(s)
ils	se	levaient	ils	s'	étaient	levés	ils	se	soient	levés
elles	se	levaient	elles	s'	étaient	levées	elles	se	soient	levées
単　純　過　去			前　過　去				半　過　去		
je	me	levai	je	me	fus	levé(e)	je	me	levasse
tu	te	levas	tu	te	fus	levé(e)	tu	te	levasses
il	se	leva	il	se	fut	levé	il	se	levât
elle	se	leva	elle	se	fut	levée	elle	se	levât
nous	nous	levâmes	nous	nous	fûmes	levé(e)s	nous	nous	levassions
vous	vous	levâtes	vous	vous	fûtes	levé(e)(s)	vous	vous	levassiez
ils	se	levèrent	ils	se	furent	levés	ils	se	levassent
elles	se	levèrent	elles	se	furent	levées	elles	se	levassent
単　純　未　来			前　未　来				大　過　去		
je	me	lèverai	je	me	serai	levé(e)	je	me	fusse	levé(e)
tu	te	lèveras	tu	te	seras	levé(e)	tu	te	fusses	levé(e)
il	se	lèvera	il	se	sera	levé	il	se	fût	levé
elle	se	lèvera	elle	se	sera	levée	elle	se	fût	levée
nous	nous	lèverons	nous	nous	serons	levé(e)s	nous	nous	fussions	levé(e)s
vous	vous	lèverez	vous	vous	serez	levé(e)(s)	vous	vous	fussiez	levé(e)(s)
ils	se	lèveront	ils	se	seront	levés	ils	se	fussent	levés
elles	se	lèveront	elles	se	seront	levées	elles	se	fussent	levées

条　件　法									
現　在			過　去				現在分詞		
je	me	lèverais	je	me	serais	levé(e)	se levant		
tu	te	lèverais	tu	te	serais	levé(e)			
il	se	lèverait	il	se	serait	levé	命　令　法		
elle	se	lèverait	elle	se	serait	levée			
nous	nous	lèverions	nous	nous	serions	levé(e)s	lève-toi		
vous	vous	lèveriez	vous	vous	seriez	levé(e)(s)	levons-nous		
ils	se	lèveraient	ils	se	seraient	levés	levez-vous		
elles	se	lèveraient	elles	se	seraient	levées			

◇ se が間接補語のとき過去分詞は性・数の変化をしない．

不定法 現在分詞 過去分詞	直　　説　　法			
	現　　在	半過去	単純過去	単純未来
7. aimer *aimant* *aimé*	j'　aime tu　aimes il　aime n.　aimons v.　aimez ils　aiment	j'　aimais tu　aimais il　aimait n.　aimions v.　aimiez ils　aimaient	j'　aimai tu　aimas il　aima n.　aimâmes v.　aimâtes ils　aimèrent	j'　aimerai tu　aimeras il　aimera n.　aimerons v.　aimerez ils　aimeront
8. commencer *commençant* *commencé*	je　commence tu　commences il　commence n.　commençons v.　commencez ils　commencent	je　commençais tu　commençais il　commençait n.　commencions v.　commenciez ils　commençaient	je　commençai tu　commenças il　commença n.　commençâmes v.　commençâtes ils　commencèrent	je　commencerai tu　commenceras il　commencera n.　commencerons v.　commencerez ils　commenceront
9. manger *mangeant* *mangé*	je　mange tu　manges il　mange n.　mangeons v.　mangez ils　mangent	je　mangeais tu　mangeais il　mangeait n.　mangions v.　mangiez ils　mangeaient	je　mangeai tu　mangeas il　mangea n.　mangeâmes v.　mangeâtes ils　mangèrent	je　mangerai tu　mangeras il　mangera n.　mangerons v.　mangerez ils　mangeront
10. acheter *achetant* *acheté*	j'　achète tu　achètes il　achète n.　achetons v.　achetez ils　achètent	j'　achetais tu　achetais il　achetait n.　achetions v.　achetiez ils　achetaient	j'　achetai tu　achetas il　acheta n.　achetâmes v.　achetâtes ils　achetèrent	j'　achèterai tu　achèteras il　achètera n.　achèterons v.　achèterez ils　achèteront
11. appeler *appelant* *appelé*	j'　appelle tu　appelles il　appelle n.　appelons v.　appelez ils　appellent	j'　appelais tu　appelais il　appelait n.　appelions v.　appeliez ils　appelaient	j'　appelai tu　appelas il　appela n.　appelâmes v.　appelâtes ils　appelèrent	j'　appellerai tu　appelleras il　appellera n.　appellerons v.　appellerez ils　appelleront
12. préférer *préférant* *préféré*	je　préfère tu　préfères il　préfère n.　préférons v.　préférez ils　préfèrent	je　préférais tu　préférais il　préférait n.　préférions v.　préfériez ils　préféraient	je　préférai tu　préféras il　préféra n.　préférâmes v.　préférâtes ils　préférèrent	je　préférerai tu　préféreras il　préférera n.　préférerons v.　préférerez ils　préféreront
13. employer *employant* *employé*	j'　emploie tu　emploies il　emploie n.　employons v.　employez ils　emploient	j'　employais tu　employais il　employait n.　employions v.　employiez ils　employaient	j'　employai tu　employas il　employa n.　employâmes v.　employâtes ils　employèrent	j'　emploierai tu　emploieras il　emploiera n.　emploierons v.　emploierez ils　emploieront

条件法	接続法		命令法	同型
現在	現在	半過去		
j' aimerais tu aimerais il aimerait n. aimerions v. aimeriez ils aimeraient	j' aime tu aimes il aime n. aimions v. aimiez ils aiment	j' aimasse tu aimasses il aimât n. aimassions v. aimassiez ils aimassent	aime aimons aimez	注語尾 -er の動詞 (除：aller, envoyer) を第一群規則動詞と もいう．
je commencerais tu commencerais il commencerait n. commencerions v. commenceriez ils commenceraient	je commence tu commences il commence n. commencions v. commenciez ils commencent	je commençasse tu commençasses il commençât n. commençassions v. commençassiez ils commençassent	commence commençons commencez	avancer effacer forcer lancer placer prononcer remplacer renoncer
je mangerais tu mangerais il mangerait n. mangerions v. mangeriez ils mangeraient	je mange tu manges il mange n. mangions v. mangiez ils mangent	je mangeasse tu mangeasses il mangeât n. mangeassions v. mangeassiez ils mangeassent	mange mangeons mangez	arranger changer charger déranger engager manger obliger voyager
j' achèterais tu achèterais il achèterait n. achèterions v. achèteriez ils achèteraient	j' achète tu achètes il achète n. achetions v. achetiez ils achètent	j' achetasse tu achetasses il achetât n. achetassions v. achetassiez ils achetassent	achète achetons achetez	achever amener enlever lever mener peser (se) promener
j' appellerais tu appellerais il appellerait n. appellerions v. appelleriez ils appelleraient	j' appelle tu appelles il appelle n. appelions v. appeliez ils appellent	j' appelasse tu appelasses il appelât n. appelassions v. appelassiez ils appelassent	appelle appelons appelez	jeter rappeler rejeter renouveler
je préférerais tu préférerais il préférerait n. préférerions v. préféreriez ils préféreraient	je préfère tu préfères il préfère n. préférions v. préfériez ils préfèrent	je préférasse tu préférasses il préférât n. préférassions v. préférassiez ils préférassent	préfère préférons préférez	considérer désespérer espérer inquiéter pénétrer posséder répéter sécher
j' emploierais tu emploierais il emploierait n. emploierions v. emploieriez ils emploieraient	j' emploie tu emploies il emploie n. employions v. employiez ils emploient	j' employasse tu employasses il employât n. employassions v. employassiez ils employassent	emploie employons employez	-oyer (除：envoyer) -uyer appuyer ennuyer essuyer nettoyer

不定法 現在分詞 過去分詞	直 説 法			
	現 在	半 過 去	単純過去	単純未来
14. payer *payant* *payé*	je paye (paie) tu payes (paies) il paye (paie) n. payons v. payez ils payent (paient)	je payais tu payais il payait n. payions v. payiez ils payaient	je payai tu payas il paya n. payâmes v. payâtes ils payèrent	je payerai (paierai) tu payeras (*etc*. . . .) il payera n. payerons v. payerez ils payeront
15. envoyer *envoyant* *envoyé*	j' envoie tu envoies il envoie n. envoyons v. envoyez ils envoient	j' envoyais tu envoyais il envoyait n. envoyions v. envoyiez ils envoyaient	j' envoyai tu envoyas il envoya n. envoyâmes v. envoyâtes ils envoyèrent	j' **enverrai** tu **enverras** il **enverra** n. **enverrons** v. **enverrez** ils **enverront**
16. aller *allant* *allé*	je **vais** tu **vas** il **va** n. allons v. allez ils **vont**	j' allais tu allais il allait n. allions v. alliez ils allaient	j' allai tu allas il alla n. allâmes v. allâtes ils allèrent	j' **irai** tu **iras** il **ira** n. **irons** v. **irez** ils **iront**
17. finir *finissant* *fini*	je finis tu finis il finit n. finissons v. finissez ils finissent	je finissais tu finissais il finissait n. finissions v. finissiez ils finissaient	je finis tu finis il finit n. finîmes v. finîtes ils finirent	je finirai tu finiras il finira n. finirons v. finirez ils finiront
18. partir *partant* *parti*	je pars tu pars il part n. partons v. partez ils partent	je partais tu partais il partait n. partions v. partiez ils partaient	je partis tu partis il partit n. partîmes v. partîtes ils partirent	je partirai tu partiras il partira n. partirons v. partirez ils partiront
19. sentir *sentant* *senti*	je sens tu sens il sent n. sentons v. sentez ils sentent	je sentais tu sentais il sentait n. sentions v. sentiez ils sentaient	je sentis tu sentis il sentit n. sentîmes v. sentîtes ils sentirent	je sentirai tu sentiras il sentira n. sentirons v. sentirez ils sentiront
20. tenir *tenant* *tenu*	je tiens tu tiens il tient n. tenons v. tenez ils tiennent	je tenais tu tenais il tenait n. tenions v. teniez ils tenaient	je tins tu tins il tint n. tînmes v. tîntes ils tinrent	je **tiendrai** tu **tiendras** il **tiendra** n. **tiendrons** v. **tiendrez** ils **tiendront**

条件法	接続法		命令法	同型
現在	現在	半過去		
je payerais (paierais) tu payerais (etc....) il payerait n. payerions v. payeriez ils payeraient	je paye (paie) tu payes (paies) il paye (paie) n. payions v. payiez ils payent (paient)	je payasse tu payasses il payât n. payassions v. payassiez ils payassent	paie (paye) payons payez	[発音] je paye [ʒəpɛj], je paie [ʒəpɛ]; je payerai [ʒəpɛjre], je paierai [ʒəpɛre].
j' enverrais tu enverrais il enverrait n. enverrions v. enverriez ils enverraient	j' envoie tu envoies il envoie n. envoyions v. envoyiez ils envoient	j' envoyasse tu envoyasses il envoyât n. envoyassions v. envoyassiez ils envoyassent	envoie envoyons envoyez	注 未来, 条・現を除いては, 13 と同じ. **renvoyer**
j' irais tu irais il irait n. irions v. iriez ils iraient	j' **aille** tu **ailles** il **aille** n. allions v. alliez ils **aillent**	j' allasse tu allasses il allât n. allassions v. allassiez ils allassent	**va** allons allez	注 y がつくとき命令法・現在は vas: vas-y. 直・現・3人称複数に ont の語尾をもつものは他に ont (avoir), sont (être), font (faire) のみ.
je finirais tu finirais il finirait n. finirions v. finiriez ils finiraient	je finisse tu finisses il finisse n. finissions v. finissiez ils finissent	je finisse tu finisses il finît n. finissions v. finissiez ils finissent	finis finissons finissez	注 finir 型の動詞を第2群規則動詞という.
je partirais tu partirais il partirait n. partirions v. partiriez ils partiraient	je parte tu partes il parte n. partions v. partiez ils partent	je partisse tu partisses il partît n. partissions v. partissiez ils partissent	pars partons partez	注 助動詞は être. **sortir**
je sentirais tu sentirais il sentirait n. sentirions v. sentiriez ils sentiraient	je sente tu sentes il sente n. sentions v. sentiez ils sentent	je sentisse tu sentisses il sentît n. sentissions v. sentissiez ils sentissent	sens sentons sentez	注 18 と助動詞を除けば同型.
je tiendrais tu tiendrais il tiendrait n. tiendrions v. tiendriez ils tiendraient	je tienne tu tiennes il tienne n. tenions v. teniez ils tiennent	je tinsse tu tinsses il tînt n. tinssions v. tinssiez ils tinssent	tiens tenons tenez	注 **venir** 21 と同型, ただし, 助動詞は avoir.

不定法 現在分詞 過去分詞	直　説　法			
	現　在	半過去	単純過去	単純未来
21. venir *venant* *venu*	je viens tu viens il vient n. venons v. venez ils viennent	je venais tu venais il venait n. venions v. veniez ils venaient	je vins tu vins il vint n. vînmes v. vîntes ils vinrent	je **viendrai** tu **viendras** il **viendra** n. **viendrons** v. **viendrez** ils **viendront**
22. accueillir *accueillant* *accueilli*	j' **accueille** tu **accueilles** il **accueille** n. accueillons v. accueillez ils accueillent	j' accueillais tu accueillais il accueillait n. accueillions v. accueilliez ils accueillaient	j' accueillis tu accueillis il accueillit n. accueillîmes v. accueillîtes ils accueillirent	j' **accueillerai** tu **accueilleras** il **accueillera** n. **accueillerons** v. **accueillerez** ils **accueilleront**
23. ouvrir *ouvrant* *ouvert*	j' **ouvre** tu **ouvres** il **ouvre** n. ouvrons v. ouvrez ils ouvrent	j' ouvrais tu ouvrais il ouvrait n. ouvrions v. ouvriez ils ouvraient	j' ouvris tu ouvris il ouvrit n. ouvrîmes v. ouvrîtes ils ouvrirent	j' ouvrirai tu ouvriras il ouvrira n. ouvrirons v. ouvrirez ils ouvriront
24. courir *courant* *couru*	je cours tu cours il court n. courons v. courez ils courent	je courais tu courais il courait n. courions v. couriez ils couraient	je courus tu courus il courut n. courûmes v. courûtes ils coururent	je **courrai** tu **courras** il **courra** n. **courrons** v. **courrez** ils **courront**
25. mourir *mourant* *mort*	je meurs tu meurs il meurt n. mourons v. mourez ils meurent	je mourais tu mourais il mourait n. mourions v. mouriez ils mouraient	je mourus tu mourus il mourut n. mourûmes v. mourûtes ils moururent	je **mourrai** tu **mourras** il **mourra** n. **mourrons** v. **mourrez** ils **mourront**
26. acquérir *acquérant* *acquis*	j' acquiers tu acquiers il acquiert n. acquérons v. acquérez ils acquièrent	j' acquérais tu acquérais il acquérait n. acquérions v. acquériez ils acquéraient	j' acquis tu acquis il acquit n. acquîmes v. acquîtes ils acquirent	j' **acquerrai** tu **acquerras** il **acquerra** n. **acquerrons** v. **acquerrez** ils **acquerront**
27. fuir *fuyant* *fui*	je fuis tu fuis il fuit n. fuyons v. fuyez ils fuient	je fuyais tu fuyais il fuyait n. fuyions v. fuyiez ils fuyaient	je fuis tu fuis il fuit n. fuîmes v. fuîtes ils fuirent	je fuirai tu fuiras il fuira n. fuirons v. fuirez ils fuiront

条件法	接続法		命令法	同型
現在	現在	半過去		
je viendrais tu viendrais il viendrait n. viendrions v. viendriez ils viendraient	je vienne tu viennes il vienne n. venions v. veniez ils viennent	je vinsse tu vinsses il vînt n. vinssions v. vinssiez ils vinssent	viens venons venez	注 助動詞は être. **devenir** **intervenir** **prévenir** **revenir** **(se) souvenir**
j' accueillerais tu accueillerais il accueillerait n. accueillerions v. accueilleriez ils accueilleraient	j' accueille tu accueilles il accueille n. accueillions v. accueilliez ils accueillent	j' accueillisse tu accueillisses il accueillît n. accueillissions v. accueillissiez ils accueillissent	**accueille** accueillons accueillez	**cueillir**
j' ouvrirais tu ouvrirais il ouvrirait n. ouvririons v. ouvririez ils ouvriraient	j' ouvre tu ouvres il ouvre n. ouvrions v. ouvriez ils ouvrent	j' ouvrisse tu ouvrisses il ouvrît n. ouvrissions v. ouvrissiez ils ouvrissent	**ouvre** ouvrons ouvrez	**couvrir** **découvrir** **offrir** **souffrir**
je courrais tu courrais il courrait n. courrions v. courriez ils courraient	je coure tu coures il coure n. courions v. couriez ils courent	je courusse tu courusses il courût n. courussions v. courussiez ils courussent	cours courons courez	**accourir**
je mourrais tu mourrais il mourrait n. mourrions v. mourriez ils mourraient	je meure tu meures il meure n. mourions v. mouriez ils meurent	je mourusse tu mourusses il mourût n. mourussions v. mourussiez ils mourussent	meurs mourons mourez	注 助動詞は être.
j' acquerrais tu acquerrais il acquerrait n. acquerrions v. acquerriez ils acquerraient	j' acquière tu acquières il acquière n. acquérions v. acquériez ils acquièrent	j' acquisse tu acquisses il acquît n. acquissions v. acquissiez ils acquissent	acquiers acquérons acquérez	**conquérir**
je fuirais tu fuirais il fuirait n. fuirions v. fuiriez ils fuiraient	je fuie tu fuies il fuie n. fuyions v. fuyiez ils fuient	je fuisse tu fuisses il fuît n. fuissions v. fuissiez ils fuissent	fuis fuyons fuyez	**s'enfuir**

不定法 現在分詞 過去分詞	直 説 法			
	現　在	半過去	単純過去	単純未来
28. rendre *rendant* *rendu*	je rends tu rends il **rend** n. rendons v. rendez ils rendent	je rendais tu rendais il rendait n. rendions v. rendiez ils rendaient	je rendis tu rendis il rendit n. rendîmes v. rendîtes ils rendirent	je rendrai tu rendras il rendra n. rendrons v. rendrez ils rendront
29. prendre *prenant* *pris*	je prends tu prends il **prend** n. prenons v. prenez ils prennent	je prenais tu prenais il prenait n. prenions v. preniez ils prenaient	je pris tu pris il prit n. prîmes v. prîtes ils prirent	je prendrai tu prendras il prendra n. prendrons v. prendrez ils prendront
30. craindre *craignant* *craint*	je crains tu crains il craint n. craignons v. craignez ils craignent	je craignais tu craignais il craignait n. craignions v. craigniez ils craignaient	je craignis tu craignis il craignit n. craignîmes v. craignîtes ils craignirent	je craindrai tu craindras il craindra n. craindrons v. craindrez ils craindront
31. faire *faisant* *fait*	je fais tu fais il fait n. faisons v. **faites** ils **font**	je faisais tu faisais il faisait n. faisions v. faisiez ils faisaient	je fis tu fis il fit n. fîmes v. fîtes ils firent	je **ferai** tu **feras** il **fera** n. **ferons** v. **ferez** ils **feront**
32. dire *disant* *dit*	je dis tu dis il dit n. disons v. **dites** ils disent	je disais tu disais il disait n. disions v. disiez ils disaient	je dis tu dis il dit n. dîmes v. dîtes ils dirent	je dirai tu diras il dira n. dirons v. direz ils diront
33. lire *lisant* *lu*	je lis tu lis il lit n. lisons v. lisez ils lisent	je lisais tu lisais il lisait n. lisions v. lisiez ils lisaient	je lus tu lus il lut n. lûmes v. lûtes ils lurent	je lirai tu liras il lira n. lirons v. lirez ils liront
34. suffire *suffisant* *suffi*	je suffis tu suffis il suffit n. suffisons v. suffisez ils suffisent	je suffisais tu suffisais il suffisait n. suffisions v. suffisiez ils suffisaient	je suffis tu suffis il suffit n. suffîmes v. suffîtes ils suffirent	je suffirai tu suffiras il suffira n. suffirons v. suffirez ils suffiront

条件法	接続法		命令法	同型
現在	現在	半過去		
je rendrais tu rendrais il rendrait n. rendrions v. rendriez ils rendraient	je rende tu rendes il rende n. rendions v. rendiez ils rendent	je rendisse tu rendisses il rendît n. rendissions v. rendissiez ils rendissent	rends rendons rendez	**attendre** **descendre** **entendre** **pendre** **perdre** **répandre** **répondre** **vendre**
je prendrais tu prendrais il prendrait n. prendrions v. prendriez ils prendraient	je prenne tu prennes il prenne n. prenions v. preniez ils prennent	je prisse tu prisses il prît n. prissions v. prissiez ils prissent	prends prenons prenez	**apprendre** **comprendre** **entreprendre** **reprendre** **surprendre**
je craindrais tu craindrais il craindrait n. craindrions v. craindriez ils craindraient	je craigne tu craignes il craigne n. craignions v. craigniez ils craignent	je craignisse tu craignisses il craignît n. craignissions v. craignissiez ils craignissent	crains craignons craignez	**atteindre** **éteindre** **joindre** **peindre** **plaindre**
je ferais tu ferais il ferait n. ferions v. feriez ils feraient	je **fasse** tu **fasses** il **fasse** n. **fassions** v. **fassiez** ils **fassent**	je fisse tu fisses il fît n. fissions v. fissiez ils fissent	fais faisons **faites**	**défaire** **refaire** **satisfaire** 注 fais-[f(ə)z-]
je dirais tu dirais il dirait n. dirions v. diriez ils diraient	je dise tu dises il dise n. disions v. disiez ils disent	je disse tu disses il dît n. dissions v. dissiez ils dissent	dis disons **dites**	**redire**
je lirais tu lirais il lirait n. lirions v. liriez ils liraient	je lise tu lises il lise n. lisions v. lisiez ils lisent	je lusse tu lusses il lût n. lussions v. lussiez ils lussent	lis lisons lisez	**relire** **élire**
je suffirais tu suffirais il suffirait n. suffirions v. suffiriez ils suffiraient	je suffise tu suffises il suffise n. suffisions v. suffisiez ils suffisent	je suffisse tu suffisses il suffît n. suffissions v. suffissiez ils suffissent	suffis suffisons suffisez	

不定法 現在分詞 過去分詞	直説法			
	現　　在	半過去	単純過去	単純未来
35. conduire *conduisant* *conduit*	je conduis tu conduis il conduit n. conduisons v. conduisez ils conduisent	je conduisais tu conduisais il conduisait n. conduisions v. conduisiez ils conduisaient	je conduisis tu conduisis il conduisit n. conduisîmes v. conduisîtes ils conduisirent	je conduirai tu conduiras il conduira n. conduirons v. conduirez ils conduiront
36. plaire *plaisant* *plu*	je plais tu plais il **plaît** n. plaisons v. plaisez ils plaisent	je plaisais tu plaisais il plaisait n. plaisions v. plaisiez ils plaisaient	je plus tu plus il plut n. plûmes v. plûtes ils plurent	je plairai tu plairas il plaira n. plairons v. plairez ils plairont
37. coudre *cousant* *cousu*	je couds tu couds il coud n. cousons v. cousez ils cousent	je cousais tu cousais il cousait n. cousions v. cousiez ils cousaient	je cousis tu cousis il cousit n. cousîmes v. cousîtes ils cousirent	je coudrai tu coudras il coudra n. coudrons v. coudrez ils coudront
38. suivre *suivant* *suivi*	je suis tu suis il suit n. suivons v. suivez ils suivent	je suivais tu suivais il suivait n. suivions v. suiviez ils suivaient	je suivis tu suivis il suivit n. suivîmes v. suivîtes ils suivirent	je suivrai tu suivras il suivra n. suivrons v. suivrez ils suivront
39. vivre *vivant* *vécu*	je vis tu vis il vit n. vivons v. vivez ils vivent	je vivais tu vivais il vivait n. vivions v. viviez ils vivaient	je vécus tu vécus il vécut n. vécûmes v. vécûtes ils vécurent	je vivrai tu vivras il vivra n. vivrons v. vivrez ils vivront
40. écrire *écrivant* *écrit*	j' écris tu écris il écrit n. écrivons v. écrivez ils écrivent	j' écrivais tu écrivais il écrivait n. écrivions v. écriviez ils écrivaient	j' écrivis tu écrivis il écrivit n. écrivîmes v. écrivîtes ils écrivirent	j' écrirai tu écriras il écrira n. écrirons v. écrirez ils écriront
41. boire *buvant* *bu*	je bois tu bois il boit n. buvons v. buvez ils boivent	je buvais tu buvais il buvait n. buvions v. buviez ils buvaient	je bus tu bus il but n. bûmes v. bûtes ils burent	je boirai tu boiras il boira n. boirons v. boirez ils boiront

条件法	接続法		命令法	同型
現在	現在	半過去		
je conduirais tu conduirais il conduirait n. conduirions v. conduiriez ils conduiraient	je conduise tu conduises il conduise n. conduisions v. conduisiez ils conduisent	je conduisisse tu conduisisses il conduisît n. conduisissions v. conduisissiez ils conduisissent	conduis conduisons conduisez	**construire** **cuire** **détruire** **instruire** **introduire** **produire** **traduire**
je plairais tu plairais il plairait n. plairions v. plairiez ils plairaient	je plaise tu plaises il plaise n. plaisions v. plaisiez ils plaisent	je plusse tu plusses il plût n. plussions v. plussiez ils plussent	plais plaisons plaisez	**déplaire** **(se) taire** （ただし il se tait）
je coudrais tu coudrais il coudrait n. coudrions v. coudriez ils coudraient	je couse tu couses il couse n. cousions v. cousiez ils cousent	je cousisse tu cousisses il cousît n. cousissions v. cousissiez ils cousissent	couds cousons cousez	
je suivrais tu suivrais il suivrait n. suivrions v. suivriez ils suivraient	je suive tu suives il suive n. suivions v. suiviez ils suivent	je suivisse tu suivisses il suivît n. suivissions v. suivissiez ils suivissent	suis suivons suivez	**poursuivre**
je vivrais tu vivrais il vivrait n. vivrions v. vivriez ils vivraient	je vive tu vives il vive n. vivions v. viviez ils vivent	je vécusse tu vécusses il vécût n. vécussions v. vécussiez ils vécussent	vis vivons vivez	
j' écrirais tu écrirais il écrirait n. écririons v. écririez ils écriraient	j' écrive tu écrives il écrive n. écrivions v. écriviez ils écrivent	j' écrivisse tu écrivisses il écrivît n. écrivissions v. écrivissiez ils écrivissent	écris écrivons écrivez	**décrire** **inscrire**
je boirais tu boirais il boirait n. boirions v. boiriez ils boiraient	je boive tu boives il boive n. buvions v. buviez ils boivent	je busse tu busses il bût n. bussions v. bussiez ils bussent	bois buvons buvez	

不定法 現在分詞 過去分詞	直 説 法			
	現　在	半過去	単純過去	単純未来
42. résoudre *résolvant* *résolu*	je résous tu résous il résout n. résolvons v. résolvez ils résolvent	je résolvais tu résolvais il résolvait n. résolvions v. résolviez ils résolvaient	je résolus tu résolus il résolut n. résolûmes v. résolûtes ils résolurent	je résoudrai tu résoudras il résoudra n. résoudrons v. résoudrez ils résoudront
43. connaître *connaissant* *connu*	je connais tu connais il **connaît** n. connaissons v. connaissez ils connaissent	je connaissais tu connaissais il connaissait n. connaissions v. connaissiez ils connaissaient	je connus tu connus il connut n. connûmes v. connûtes ils connurent	je connaîtrai tu connaîtras il connaîtra n. connaîtrons v. connaîtrez ils connaîtront
44. naître *naissant* *né*	je nais tu nais il **naît** n. naissons v. naissez ils naissent	je naissais tu naissais il naissait n. naissions v. naissiez ils naissaient	je naquis tu naquis il naquit n. naquîmes v. naquîtes ils naquirent	je naîtrai tu naîtras il naîtra n. naîtrons v. naîtrez ils naîtront
45. croire *croyant* *cru*	je crois tu crois il croit n. croyons v. croyez ils croient	je croyais tu croyais il croyait n. croyions v. croyiez ils croyaient	je crus tu crus il crut n. crûmes v. crûtes ils crurent	je croirai tu croiras il croira n. croirons v. croirez ils croiront
46. battre *battant* *battu*	je bats tu bats il **bat** n. battons v. battez ils battent	je battais tu battais il battait n. battions v. battiez ils battaient	je battis tu battis il battit n. battîmes v. battîtes ils battirent	je battrai tu battras il battra n. battrons v. battrez ils battront
47. mettre *mettant* *mis*	je mets tu mets il **met** n. mettons v. mettez ils mettent	je mettais tu mettais il mettait n. mettions v. mettiez ils mettaient	je mis tu mis il mit n. mîmes v. mîtes ils mirent	je mettrai tu mettras il mettra n. mettrons v. mettrez ils mettront
48. rire *riant* *ri*	je ris tu ris il rit n. rions v. riez ils rient	je riais tu riais il riait n. riions v. riiez ils riaient	je ris tu ris il rit n. rîmes v. rîtes ils rirent	je rirai tu riras il rira n. rirons v. rirez ils riront

条件法	接続法		命令法	同型
現在	現在	半過去		
je résoudrais tu résoudrais il résoudrait n. résoudrions v. résoudriez ils résoudraient	je résolve tu résolves il résolve n. résolvions v. résolviez ils résolvent	je résolusse tu résolusses il résolût n. résolussions v. résolussiez ils résolussent	résous résolvons résolvez	
je connaîtrais tu connaîtrais il connaîtrait n. connaîtrions v. connaîtriez ils connaîtraient	je connaisse tu connaisses il connaisse n. connaissions v. connaissiez ils connaissent	je connusse tu connusses il connût n. connussions v. connussiez ils connussent	connais connaissons connaissez	注 t の前にくるとき i→î. **apparaître** **disparaître** **paraître** **reconnaître**
je naîtrais tu naîtrais il naîtrait n. naîtrions v. naîtriez ils naîtraient	je naisse tu naisses il naisse n. naissions v. naissiez ils naissent	je naquisse tu naquisses il naquît n. naquissions v. naquissiez ils naquissent	nais naissons naissez	注 t の前にくるとき i→î. 助動詞はêtre.
je croirais tu croirais il croirait n. croirions v. croiriez ils croiraient	je croie tu croies il croie n. croyions v. croyiez ils croient	je crusse tu crusses il crût n. crussions v. crussiez ils crussent	crois croyons croyez	
je battrais tu battrais il battrait n. battrions v. battriez ils battraient	je batte tu battes il batte n. battions v. battiez ils battent	je battisse tu battisses il battît n. battissions v. battissiez ils battissent	bats battons battez	**abattre** **combattre**
je mettrais tu mettrais il mettrait n. mettrions v. mettriez ils mettraient	je mette tu mettes il mette n. mettions v. mettiez ils mettent	je misse tu misses il mît n. missions v. missiez ils missent	mets mettons mettez	**admettre** **commettre** **permettre** **promettre** **remettre**
je rirais tu rirais il rirait n. ririons v. ririez ils riraient	je rie tu ries il rie n. riions v. riiez ils rient	je risse tu risses il rît n. rissions v. rissiez ils rissent	ris rions riez	**sourire**

不定法 現在分詞 過去分詞	直 説 法			
	現　在	半過去	単純過去	単純未来
49. conclure *concluant* *conclu*	je conclus tu conclus il conclut n. concluons v. concluez ils concluent	je concluais tu concluais il concluait n. concluions v. concluiez ils concluaient	je conclus tu conclus il conclut n. conclûmes v. conclûtes ils conclurent	je conclurai tu concluras il conclura n. conclurons v. conclurez ils concluront
50. rompre *rompant* *rompu*	je romps tu romps il rompt n. rompons v. rompez ils rompent	je rompais tu rompais il rompait n. rompions v. rompiez ils rompaient	je rompis tu rompis il rompit n. rompîmes v. rompîtes ils rompirent	je romprai tu rompras il rompra n. romprons v. romprez ils rompront
51. vaincre *vainquant* *vaincu*	je vaincs tu vaincs il **vainc** n. vainquons v. vainquez ils vainquent	je vainquais tu vainquais il vainquait n. vainquions v. vainquiez ils vainquaient	je vainquis tu vainquis il vainquit n. vainquîmes v. vainquîtes ils vainquirent	je vaincrai tu vaincras il vaincra n. vaincrons v. vaincrez ils vaincront
52. recevoir *recevant* *reçu*	je reçois tu reçois il reçoit n. recevons v. recevez ils reçoivent	je recevais tu recevais il recevait n. recevions v. receviez ils recevaient	je reçus tu reçus il reçut n. reçûmes v. reçûtes ils reçurent	je **recevrai** tu **recevras** il **recevra** n. **recevrons** v. **recevrez** ils **recevront**
53. devoir *devant* *dû* (due, dus, dues)	je dois tu dois il doit n. devons v. devez ils doivent	je devais tu devais il devait n. devions v. deviez ils devaient	je dus tu dus il dut n. dûmes v. dûtes ils durent	je **devrai** tu **devras** il **devra** n. **devrons** v. **devrez** ils **devront**
54. pouvoir *pouvant* *pu*	je **peux (puis)** tu **peux** il peut n. pouvons v. pouvez ils peuvent	je pouvais tu pouvais il pouvait n. pouvions v. pouviez ils pouvaient	je pus tu pus il put n. pûmes v. pûtes ils purent	je **pourrai** tu **pourras** il **pourra** n. **pourrons** v. **pourrez** ils **pourront**
55. émouvoir *émouvant* *ému*	j' émeus tu émeus il émeut n. émouvons v. émouvez ils émeuvent	j' émouvais tu émouvais il émouvait n. émouvions v. émouviez ils émouvaient	j' émus tu émus il émut n. émûmes v. émûtes ils émurent	j' **émouvrai** tu **émouvras** il **émouvra** n. **émouvrons** v. **émouvrez** ils **émouvront**

条件法	接続法		命令法	同型
現在	現在	半過去		
je conclurais tu conclurais il conclurait n. conclurions v. concluriez ils concluraient	je conclue tu conclues il conclue n. concluions v. concluiez ils concluent	je conclusse tu conclusses il conclût n. conclussions v. conclussiez ils conclussent	conclus concluons concluez	
je romprais tu romprais il romprait n. romprions v. rompriez ils rompraient	je rompe tu rompes il rompe n. rompions v. rompiez ils rompent	je rompisse tu rompisses il rompît n. rompissions v. rompissiez ils rompissent	romps rompons rompez	**interrompre**
je vaincrais tu vaincrais il vaincrait n. vaincrions v. vaincriez ils vaincraient	je vainque tu vainques il vainque n. vainquions v. vainquiez ils vainquent	je vainquisse tu vainquisses il vainquît n. vainquissions v. vainquissiez ils vainquissent	vaincs vainquons vainquez	**convaincre**
je recevrais tu recevrais il recevrait n. recevrions v. recevriez ils recevraient	je reçoive tu reçoives il reçoive n. recevions v. receviez ils reçoivent	je reçusse tu reçusses il reçût n. reçussions v. reçussiez ils reçussent	reçois recevons recevez	**apercevoir** **concevoir**
je devrais tu devrais il devrait n. devrions v. devriez ils devraient	je doive tu doives il doive n. devions v. deviez ils doivent	je dusse tu dusses il dût n. dussions v. dussiez ils dussent	dois devons devez	注 命令法はほとんど用いられない．
je pourrais tu pourrais il pourrait n. pourrions v. pourriez ils pourraient	je **puisse** tu **puisses** il **puisse** n. **puissions** v. **puissiez** ils **puissent**	je pusse tu pusses il pût n. pussions v. pussiez ils pussent		注 命令法はない．
j' émouvrais tu émouvrais il émouvrait n. émouvrions v. émouvriez ils émouvraient	j' émeuve tu émeuves il émeuve n. émouvions v. émouviez ils émeuvent	j' émusse tu émusses il émût n. émussions v. émussiez ils émussent	émeus émouvons émouvez	**mouvoir** ただし過去分詞は mû (mue, mus, mues)

不定法 現在分詞 過去分詞	直 説 法			
	現　　在	半 過 去	単純過去	単純未来
56. savoir *sachant* *su*	je sais tu sais il sait n. savons v. savez ils savent	je savais tu savais il savait n. savions v. saviez ils savaient	je sus tu sus il sut n. sûmes v. sûtes ils surent	je **saurai** tu **sauras** il **saura** n. **saurons** v. **saurez** ils **sauront**
57. voir *voyant* *vu*	je vois tu vois il voit n. voyons v. voyez ils voient	je voyais tu voyais il voyait n. voyions v. voyiez ils voyaient	je vis tu vis il vit n. vîmes v. vîtes ils virent	je **verrai** tu **verras** il **verra** n. **verrons** v. **verrez** ils **verront**
58. vouloir *voulant* *voulu*	je **veux** tu **veux** il veut n. voulons v. voulez ils veulent	je voulais tu voulais il voulait n. voulions v. vouliez ils voulaient	je voulus tu voulus il voulut n. voulûmes v. voulûtes ils voulurent	je **voudrai** tu **voudras** il **voudra** n. **voudrons** v. **voudrez** ils **voudront**
59. valoir *valant* *valu*	je **vaux** tu **vaux** il vaut n. valons v. valez ils valent	je valais tu valais il valait n. valions v. valiez ils valaient	je valus tu valus il valut n. valûmes v. valûtes ils valurent	je **vaudrai** tu **vaudras** il **vaudra** n. **vaudrons** v. **vaudrez** ils **vaudront**
60. s'asseoir *s'asseyant*[1] *assis*	je m'assieds[1] tu t'assieds il **s'assied** n. n. asseyons v. v. asseyez ils s'asseyent	je m'asseyais[1] tu t'asseyais il s'asseyait n. n. asseyions v. v. asseyiez ils s'asseyaient	je m'assis tu t'assis il s'assit n. n. assîmes v. v. assîtes ils s'assirent	je m'**assiérai**[1] tu t'**assiéras** il s'**assiéra** n. n. **assiérons** v. v. **assiérez** ils s'**assiéront**
s'assoyant[2]	je m'assois[2] tu t'assois il s'assoit n. n. assoyons v. v. assoyez ils s'assoient	je m'assoyais[2] tu t'assoyais il s'assoyait n. n. assoyions v. v. assoyiez ils s'assoyaient		je m'**assoirai**[2] tu t'**assoiras** il s'**assoira** n. n. **assoirons** v. v. **assoirez** ils s'**assoiront**
61. pleuvoir *pleuvant* *plu*	il pleut	il pleuvait	il plut	il **pleuvra**
62. falloir *fallu*	il faut	il fallait	il fallut	il **faudra**

条件法	接続法		命令法	同型
現在	現在	半過去		
je saurais tu saurais il saurait n. saurions v. sauriez ils sauraient	je **sache** tu **saches** il **sache** n. **sachions** v. **sachiez** ils **sachent**	je susse tu susses il sût n. sussions v. sussiez ils sussent	**sache** **sachons** **sachez**	
je verrais tu verrais il verrait n. verrions v. verriez ils verraient	je voie tu voies il voie n. voyions v. voyiez ils voient	je visse tu visses il vît n. vissions v. vissiez ils vissent	vois voyons voyez	**revoir**
je voudrais tu voudrais il voudrait n. voudrions v. voudriez ils voudraient	je **veuille** tu **veuilles** il **veuille** n. voulions v. vouliez ils **veuillent**	je voulusse tu voulusses il voulût n. voulussions v. voulussiez ils voulussent	**veuille** **veuillons** **veuillez**	
je vaudrais tu vaudrais il vaudrait n. vaudrions v. vaudriez ils vaudraient	je **vaille** tu **vailles** il **vaille** n. valions v. valiez ils **vaillent**	je valusse tu valusses il valût n. valussions v. valussiez ils valussent		注 命令法はほとんど用いられない.
je m'assiérais[1] tu t'assiérais il s'assiérait n. n. assiérions v. v. assiériez ils s'assiéraient	je m'asseye[1] tu t'asseyes il s'asseye n. n. asseyions v. v. asseyiez ils s'asseyent	j' m'assisse tu t'assisses il s'assît n. n. assissions v. v. assissiez ils s'assissent	assieds-toi[1] asseyons-nous asseyez-vous	注 時称により2種の活用があるが, (1)は古来の活用で, (2)は俗語調である. (1)の方が多く使われる.
je m'assoirais[2] tu t'assoirais il s'assoirait n. n. assoirions v. v. assoiriez ils s'assoiraient	je m'assoie[2] tu t'assoies il s'assoie n. n. assoyions v. v. assoyiez ils s'assoient		assois-toi[2] assoyons-nous assoyez-vous	
il pleuvrait	il pleuve	il plût		注 命令法はない.
il faudrait	il **faille**	il fallût		注 命令法・現在分詞はない.

NUMÉRAUX（数詞）

CARDINAUX（基数)	ORDINAUX（序数）	CARDINAUX	ORDINAUX
1 **un, une**	**premier**(**première**)	90 **quatre-vingt-dix**	**quatre-vingt-dixième**
2 deux	deuxième, second(e)	91 quatre-vingt-onze	quatre-vingt-onzième
3 trois	troisième	92 quatre-vingt-douze	quatre-vingt-douzième
4 quatre	quatrième	100 **cent**	**centième**
5 cinq	cinquième	101 cent un	cent(et) unième
6 six	sixième	102 cent deux	cent deuxième
7 sept	septième	110 cent dix	cent dixième
8 huit	huitième	120 cent vingt	cent vingtième
9 neuf	neuvième	130 cent trente	cent trentième
10 **dix**	**dixième**	140 cent quarante	cent quarantième
11 onze	onzième	150 cent cinquante	cent cinquantième
12 douze	douzième	160 cent soixante	cent soixantième
13 treize	treizième	170 cent soixante-dix	cent soixante-dixième
14 quatorze	quatorzième	180 cent quatre-vingts	cent quatre-vingtième
15 quinze	quinzième	190 cent quatre-vingt-dix	cent quatre-vingt-dixième
16 seize	seizième	200 **deux cents**	**deux centième**
17 dix-sept	dix-septième	201 deux cent un	deux cent unième
18 dix-huit	dix-huitième	202 deux cent deux	deux cent deuxième
19 dix-neuf	dix-neuvième	300 **trois cents**	**trois centième**
20 **vingt**	**vingtième**	301 trois cent un	trois cent unième
21 vingt et un	vingt et unième	302 trois cent deux	trois cent deuxième
22 vingt-deux	vingt-deuxième	400 **quatre cents**	**quatre centième**
23 vingt-trois	vingt-troisième	401 quatre cent un	quatre cent unième
30 **trente**	**trentième**	402 quatre cent deux	quatre cent deuxième
31 trente et un	trente et unième	500 **cinq cents**	**cinq centième**
32 trente-deux	trente-deuxième	501 cinq cent un	cinq cent unième
40 **quarante**	**quarantième**	502 cinq cent deux	cinq cent deuxième
41 quarante et un	quarante et unième	600 **six cents**	**six centième**
42 quarante-deux	quarante-deuxième	601 six cent un	six cent unième
50 **cinquante**	**cinquantième**	602 six cent deux	six cent deuxième
51 cinquante et un	cinquante et unième	700 **sept cents**	**sept centième**
52 cinquante-deux	cinquante-deuxième	701 sept cent un	sept cent unième
60 **soixante**	**soixantième**	702 sept cent deux	sept cent deuxième
61 soixante et un	soixante et unième	800 **huit cents**	**huit centième**
62 soixante-deux	soixante-deuxième	801 huit cent un	huit cent unième
70 **soixante-dix**	**soixante-dixième**	802 huit cent deux	huit cent deuxième
71 soixante et onze	soixante et onzième	900 **neuf cents**	**neuf centième**
72 soixante-douze	soixante-douzième	901 neuf cent un	neuf cent unième
80 **quatre-vingts**	**quatre-vingtième**	902 neuf cent deux	neuf cent deuxième
81 quatre-vingt-un	quatre-vingt-unième	1000 **mille**	**millième**
82 quatre-vingt-deux	quatre-vingt-deuxième		

| 1 000 000 | un million | millionième || 1 000 000 000 | un milliard | milliardième |